El castigo sin venganza

European Masterpieces
Cervantes & Co. Spanish Classics N° 61

Founding Editor:
TOM LATHROP

Editor:
MATTHEW WYSZYNSKI
University of Akron

El castigo sin venganza

Lope de Vega

Edited and with notes by
EDWARD H. FRIEDMAN
Vanderbilt University

Cervantes & Co.

To my students at Vanderbilt University

Acknowledgments

I would like to thank Tom Lathrop for his support of this project. My thanks also to Vanderbilt University for research support and to the Boston Public Library (and its staff members Thomas Blake and Sean P. Casey) for digitizing the manuscript of *El castigo sin venganza*. Heartfelt thanks to Paula Bruno, Cory Duclos, and Jonathan Wade for editorial assistance. Finally, I thank Susan Krug Friedman for bearing with me over time. My greatest debt here is to the scholars who have written on and edited the play. They have taught, enlightened, and inspired me, and this student edition owes much to their work.

I have strived to create an edition of *El castigo sin venganza* that is user-friendly and that encourages students to reflect on the text, on its multiple contexts, and on the approaches that critics have employed in their commentaries on the play. With the introductory materials, glosses, notes, and dictionary, I hope that students will find the volume to be useful and self-contained, and that the edition will lead to an enjoyment (despite the tragic elements) and appreciation of the play.

I dedicate the volume to the exceptionally kind, gracious, and intelligent students that I have had at Vanderbilt; along with faculty colleagues, they make (my) learning fun, and I am most grateful to them.

Table of Contents

Introduction to Students

LOPE DE VEGA (1562-1635) IS a major figure in the development of Spanish drama. He is credited as the founder of Spain's national theater, known as the *comedia nueva*, the new manner of playwriting. In his restructuring of dramatic models and his breaking away from the strict neoclassical protocols of Renaissance Italian theory, Lope offers, as the title of his treatise *Arte nuevo de hacer comedias* suggests, a new art of writing plays. The plays are verse dramas of three acts, with about a thousand verses per act. The particular type of verse varies, often according to the dramatic situation. Act 1 offers the exposition and initiates the action, Act 2 complicates the proceedings, frequently through calculated ambiguities and misunderstandings, and Act 3 contains the climax and dénouement. There is unity of action, but not of time and place. Lope himself wrote well over four hundred full-length plays, and scholars have estimated that the number may be as many as fifteen hundred. The texts cover all manner of topics: history, legend, biblical stories, urban life, rural life, customs and conventions, kings and queens, saints and sinners, theological and philosophical issues, marriage and courtship, countless variations on the theme of love, and, most pervasive perhaps, honor (*la honra*). The term *comedia* is best translated as *play*, although it can be applied to comic works. While there are crucial differences between the lightest of comedies and the most serious of dramas, Lope stresses the mingling of comedy and tragedy into the tragicomic mode. Arguably, the threat of dishonor (*la deshonra*) gives even those plays that border on farce a tragic potential, and happy endings are rarely free of lingering tensions. Suspense is a key ingredient. Lope's formula for the *comedia*, which brought him wide-scale critical and commercial success, influenced playwrights of his and future generations. His successors include Tirso de Molina (1584?-1648), whose *El burlador de Sevilla* highlights the figure of Don Juan Tenorio, and Pedro Calderón de la Barca (1600-1681), the author of Spain's most renowned play, *La vida es sueño*, as well as

Juan Ruiz de Alarcón, Guillén de Castro, Luis Vélez de Guevara, María de Zayas, Ana Caro de Mallén, Francisco de Rojas Zorrilla, and Agustín Moreto.

In Madrid, the *comedia* was typically presented in the *corrales*, or public theaters, constructed in interior courtyards, but also in the royal palace, the Retiro park, and other venues. Unlike Elizabethan theater, women's roles were performed by actresses, and men and women generally sat apart. The plays in the *corrales* were scheduled in the afternoon, and the actors had to convince the spectators that darkness surrounded them in night scenes. Short theatrical pieces complemented the principal text, most notably the *entremeses*, one-act comic interludes placed between acts. The brilliant, prolific, and crowd-pleasing Lope de Vega stayed prominently in center stage, as it were, for decades. As time moved forward, both poetry and drama became more extreme, more baroque, rhetorically and conceptually, and Calderón, who owed the design of his plays to Lope, became the major force in dramatic production in Spain in the second half of the seventeenth century. These plays of Lope, Calderón, and their contemporaries mark the Golden Age of theater and represent a high point of the arts in general. Lope established the groundwork for the process and contributed a large number of masterworks to the repertoire. The plays demonstrate Lope's range, diversity, poetic gifts, and, as he emphasizes in the *Arte nuevo*, a sense of the audience, whose accolades and applause he unashamedly seeks. The members of the public, rather than neo-Aristotelian precepts, serve as his driving force. Lope has a talent for blending the cultured with the popular, lofty discourse with action, and tradition with new recourses and new insights.

The most studied of Lope's plays is *Fuenteovejuna*, written around 1612 and first published in 1619. The play is based on an episode in Spanish history, in which the inhabitants of the village of Fuenteovejuna respond to the tyranny of a commander by jointly murdering him. Because he is a nobleman, they go well beyond sanctioned rules of behavior, and the king and queen, Fernando and Isabel, send officers of justice to the town in order to find the assassin. The villagers develop a winning strategy. Even under torture by the officers of justice, they will admit only that "Fuenteovejuna" killed the commander, who not only has abused his charges but has betrayed Fernando and Isabel, as well. Brought to the court, the monarchs do not condone the retaliatory act but pardon the townspeople after a strict admonition from the king. Plays such as *Peribáñez y el comendador de Ocaña, El* _villano en su rincón_, and _El perro del hortelano_, though dissimilar in content and tone, treat class distinctions within the hierarchical system of the time. Lope respects the need for order, but he seems to challenge the rigidity of the governing of social status.

One of Lope's celebrated comedies is _La dama boba_, written around 1613. An exasperated nobleman deals with two beautiful yet problematic daughters: the dimwitted Finea and the intellectual Nise. As candidates for marriage, the first strikes him as too foolish and the second as too cerebral. The father has arranged a marriage with a young man with strong bloodlines and considerable wealth; the future groom has not met the bride. Nise is pursued by a member of her scholarly circle, who is aristocratic but financially challenged. Borrowing the neoplatonic topos of love as teacher, Lope fashions a transformation of the seemingly foolish young lady into a paragon of astuteness, and, armed with brainpower, she invents a plan to win the object of her affection, the man who has precipitated the change. _La dama boba_ is replete with misunderstandings, ruses, emotional vacillation, divided allegiances, irony, and humor, verbal and physical, together with striking poetry. Lope explores the intersections of love and self-interest, and he examines the role of women in a society dominated by men. The comedy has an edge, and laughter simultaneously provokes mirth and thoughtfulness. In the theater as in life, nothing is simple, and every incident and every word bear scrutiny.

A superb and unusual play is _El caballero de Olmedo_ (c. 1620), built around verses that tell of the death of the gentleman Don Alonso Manrique, pride of Olmedo and glory of Medina del Campo, in an ambush by his enemies. Don Alonso is a man of action—an illustrious bullfighter—with the soul of a poet. At a country fair, he falls in love with the exceptionally attractive Doña Inés, dressed as a farmgirl but radiating noble lineage. He enlists the aid of the go-between Fabia, who makes contact with the woman who captured his heart at first sight. Doña Inés is promised to another, Don Rodrigo, whom she has been putting off for two years. In order to dissolve the courtship and to spend time with Don Alonso, Inés informs her father that she wishes to become a nun, and she contrives to have Fabia and Don Alonso's servant pretend to be her instructors in spirituality and Latin, respectively. The heroic Don Alonso rescues Don Rodrigo in the bullring, and this serves to infuriate rather than inspire gratitude in the rival. When Don Alonso departs for Olmedo to let his elderly parents know that he has been unharmed in the bullfight, he is caught in the middle of the road by

Don Rodrigo and his accomplices, who kill him. Don Alonso's servant discovers his moribund master, carries the body to Olmedo, and reports the murder to the king, who sentences those responsible to death. Using the theme of dying for love from the courtly past, Lope converts the metaphors of severe pain and death into a "real" death; the figurative imagery becomes literal, and irony pervades the language and the structure of the play. Don Alonso praises the eyes of Doña Inés, and he is blinded by love and over-confidence. He goes out of his way to devise stratagems to meet with the adored woman, while her father accepts the idea of a marriage immediately on hearing his daughter's intentions. By then it is too late, and the comic plot turns tragic, as a consequence, in part, of the preexisting verses that doom the protagonist. The two sides of tragicomedy are transposed, as Lope makes the intertext (the texts, motifs, and practices of his predecessors, including the paradigms of tragedy from classical antiquity) his own.

These examples show significant aspects of Lope's dramatic technique. Lope relies heavily on what Lionel Abel calls, centuries later, *metatheater*, which accentuates situations in which characters becomes dramatists of sorts by "scripting" scenarios that change the direction of the plot. The villagers of *Fuenteovejuna* take justice into their own hands by killing the commander, and they subsequently formulate a means of protecting themselves against retribution. The newly rational Finea of *La dama boba* overrides her father's selection of a mate by creating a pretend wedding with her choice, and, in a virtuoso stroke, by feigning ignorance. In *El caballero de Olmedo*, each of the principal characters is player and playwright. Don Alonso hires Fabia to enter the home of Doña Inés. Fabia is a mistress of intrigue, inserting herself into Inés's house first as an advocate of Don Alonso and later as an instrument of piety. Inés dresses in a habit, but her motivation is anything but holy. Don Rodrigo conspires to kill off his competition. World and stage become inseparable in Lope's plays and in the *comedia nueva* in general. In the topsy-turvy realm of comic theater, the metaphorical dramatists are commonly women who fight to choose their own marriage partners, in a battle of wills—and of wits—against their fathers or brothers. Unlike their counterparts in society, the assertive women of the *comedias* tend to triumph over patriarchal supremacy, but the happy endings may be short-lived. As the serious plays illustrate, married women do not enjoy the independence and the creative freedom of the heroines of comedy, who are not bound by the laws of the real world. Dishonor is a threat in the comedies; it is present, but ultimately glossed over. In serious drama, honor is never elided, never offstage, so to speak. Even the hint of dishonor can cause women to suffer and, in the most extreme cases, to die.

The plays of Lope de Vega reflect the sensibility, associated with baroque art, of a fusion and confusion of reality and appearance. The honor code promotes an obsession with appearances. It is better for a person to be dishonored without public knowledge of the circumstances than to appear guilty when innocent. Fiction imitates reality, for this is a period of censorship, suspicion, and fear bordering on paranoia. It is the age of the Inquisition, of class divisions, and of the Old Christians versus New Christians (those of Jewish or Muslim origin who have converted to Catholicism to avoid expulsion from Spain), always in danger of denunciation. The tension within the plays—the source of the dramatic conflict—recreates society at large, in which Church and State operate under rigid and authoritarian doctrines. Lope's life is likewise a combination of opposing forces. Born in Madrid to a respectable family of modest means, he started writing at an early age, and his precocity was immediately recognized. He studied at the University of Alcalá de Henares, near Madrid, and considered an ecclesiastical career, but left his studies to become a soldier in the Spanish Armada. He composed prolifically in all genres. He had many love affairs, some brief and some of long duration, and he fathered several children. In 1614, he entered a religious order, but he could never relinquish secular love; he underwent crises of conscience amid his commitment to devotional activities, and his writing displays the dialectical struggle that he was experiencing. The personal obstacles notwithstanding, Lope's literary and theatrical achievements were enormous. Miguel de Cervantes, that author of _Don Quijote_ and himself an unsuccessful dramatist, called Lope a "monstruo de naturaleza," and the phrase "es de Lope" was used to signify something of maximum quality. With Calderón, Lope reaches the summit of dramaturgy during Spain's Golden Age of literature and of imperial power from the mid-sixteenth century to the end of the seventeenth. His legacy hardly could be more impressive.

For further reading on Lope de Vega and the development of the _comedia nueva_, good starting places might be Margaret Wilson's _Spanish Drama of the Golden Age_, Melveena McKendrick's _Theatre in Spain, 1490-1700_, Jonathan Thacker's "The _Arte nuevo de hacer comedias_" and _A Companion to Golden Age Theatre_, and Margaret R. Greer's "The Development of National Theatre" and Victor Dixon's "Lope Félix de Vega Carpio" in _The Cambridge History of Spanish Literature_, ed. David T. Gies. For introductions to the major playwrights, see *Spanish Dramatists of the Golden Age: A Bio-Bibliographical Sourcebook*, ed. Mary Parker, and Teresa Scott Soufas's *Dramas of Distinction: A Study of Plays by Golden Age Women*. On the historical backdrop, see J. H. Elliott's *Imperial Spain* and Henry Kamen's *Spain, 1469-1714*. The website of the Association for Hispanic Classical Theater also has useful materials for beginning and advanced scholars.

El castigo sin venganza

El castigo sin venganza, written in 1631 and first published in 1634, was one of Lope de Vega's last plays, and one of his most respected, although its premiere was not without controversy. (Its first run was a single performance, and Lope does not explain the cause of this phenomenon.) The play has been labeled a tragedy, but scholars and critics have had to bear in mind that the worldview that prevailed in ancient times had little to do with the Catholic theology of early modern Spain. Writing tragedy thereby becomes rewriting, or redefining, tragedy, to fit the norms and the perceptions of the age. *El castigo sin venganza* is a complex play. Lope draws from classical mythology and the ill-fated love triangle of Theseus, his wife Phaedra, and his illegitimate son Hippolytus. The story has been dramatized by classical playwrights such as Euripides and Seneca, Jean Racine in the late seventeenth century, and the Nobel Prize-winning American dramatist Eugene O'Neill in *Desire under the Elms* (1924). Lope's most immediate source, according to Joseph V. Ricapito, is the forty-fourth *novella* of the Italian writer Matteo Bandello (1485-1561), a pioneer of narrative realism. In his edition of *El castigo sin venganza*, Alejandro García Reidy cites the case of Niccolò III d'Este, Marquis of Ferrara (1383-1441), who had his second wife Parisina Malatesta and his illegitimate son Ugo d'Este executed for their adulterous alliance. In Lope's version of the plot, disparate elements stand apart and coalesce. Passion and honor clash. The deepest human emotions merge with intense and elegant poetry, and with an intricate and sustained system of irony. *El castigo sin venganza* evokes classical tragedy, but it is inflected by the mindset of Lope's era, notably the all-encompassing obsession with honor.

Act 1. The Duke of Ferrera and two of his servants are on the street at night. The duke has led a profligate life; he has been more devoted to satisfying his own pleasures than to public service. The opening dialogue brings in commentary on the poetry of the day, but the duke's attention is turned to pursuing a particular married woman. There is a dispassionate, cynical tone to the conversation. The remarks of Cintia, the lady in question, provide the exposition. The duke, who vigorously has avoided marriage, has become engaged to the far younger Casandra, and he has sent his beloved (illegitimate) son, Count Federico, to Mantua to fetch her. Cintia feels that the men speaking with her cannot include the duke, for it would be an abomination for him to betray the bride even before the wedding. Cintia's statement affects the duke, who warns of the dangers of listening in secret, for one can hear the most offensive things about himself. The duke admits that he has conducted his life with little regard for rectitude, and he is hoping to turn over a new leaf. He recognizes that the decision will affect the status of Federico, who up to now has been the heir apparent. When the group approaches the home of a theater manager (*autor de comedias*), a discussion of the dramatic arts ensues. The duke cites Cicero, but also refers to tragicomedy. The scene shifts to Mantua and to Federico, who views his task with melancholy. His servant Batín addresses the question of changing one's habits, and he suggests—in what will prove to be one of countless cases of irony—that Federico may learn to love his soon-to-be stepmother. Federico hears a woman's cry and rushes to come to her aid. The damsel in distress turns out to be Casandra, whose coach had been stuck in the mud. As Federico formally introduces himself to Casandra, Batín (a type of *gracioso*, or comic figure) chats with her servant Lucrecia. Casandra observes that, in this instance, straying from the path was not a negative factor, and she welcomes Federico in her in her new role as his mother. He, in turns, calls the meeting a second birth. The Marquis of Gonzaga, Casandra's protector, expresses his gratitude to the count for the rescue. Alone with Lucrecia, Casandra ponders the intervention of Fortune, and the servant realizes that her mistress would rather be with Federico than with his father. Federico readies himself to depart, noting that he will not want to arouse suspicion by being the first stepson favorably inclined toward his stepmother. In Ferrara, the duke admits to his niece Aurora that he is unhappy to be giving up his freedom and that he is concerned for Federico. Aurora says that Fortune is to blame, and she declares her love for Federico. Batín announces the imminent arrival of Casandra, and he reports to the duke that the bride and the son have gotten along famously. Casandra and her retinue are welcomed to the court. The marquis vows to serve Aurora. Federico confesses to Batín that he is envious of his father and laments that an impossible love may cause his death.

    Act 2. At the beginning of the second act, Casandra, disillusioned and heartsick, agonizes over the predicament in which she finds herself. The duke has been with her only once in a month, and he completely ignores her. Casandra insists that this is not acceptable, given her rank and the duke's promises to her, and she swears that the duke will pay for his neglect. She touches on the melancholy that has beset Federico. In a dialogue with Federico, the duke bemoans the poor health of his son, whose sadness is evident. He suggests marriage as a remedy, but Federico argues that this would probably not work for him. The duke proposes Aurora as a match. Federico feigns that he is attracted to her, but he points to the marquis's courtship of Aurora. The father and son enter into a debate of sorts, with examples and counterexamples, and, when the duke exits, Federico elaborates on the depths of his despair to Batín, who brings some levity to the exchange. Casandra tells Aurora that the duke believes that Federico is jealous of the marquis. Aurora ascribes the melancholy to another cause. In a crucial dialogue with Federico, Casandra complains of her mistreatment by the duke and of the injustice that has marked her stay in the court. She denies that she will produce an heir. Deriding Federico's tears, she contends that a man should weep only when his honor has been lost. Casandra pretends to hold Aurora responsible for the count's melancholy, an assertion that he adamantly rejects, in a discourse that employs a range of images. Casandra delivers a soliloquy in which she points out the power of the imagination to invent and confuse, especially when her thoughts turn to the count. In the speech, she foregrounds the interrelation of honor and vengeance. Aurora, meanwhile, continues to seek the favor of the marquis in order to make Federico jealous. The duke receives a letter from the Pope, asking him to serve with his troops in a holy war. As a matter of pride, Federico wants to accompany him, but the duke is resolute: his son must stay to safeguard the household. Federico has no choice but to obey. Placing revenge over true love, Aurora gives the marquis a ribbon as a token of her esteem. Batín notices that Federico is hardly perturbed when she takes the marquis's hand. Like Casandra, Federico soliloquizes about the effects of the imagination. The second act concludes with a dialogue between Federico and Casandra in which each agonizes over the love that inflames them. She cannot dissociate love from revenge, and she seems to have lost her inhibitions. Reflecting what has been called "love's heresy," he professes to exalt her as one would adore a deity. He has sacrificed everything; he is helplessly in love. They are conflicted and consumed by feelings of fear and guilt, but it is too late to quell the passion. The subject of death is on their lips in the closing words of the act.

Act 3. In a lengthy speech, Aurora informs the marquis of what she has seen during the duke's absence. She is struck by the blatant disregard that Casandra and Federico have shown toward any sense of decorum, and she classifies their lust as animal passion. Conscious of the duke's honor, she feels that the blemish can only be eradicated by the shedding of blood. Word comes that the duke is returning after four months of military service and that he is anxious, above all, to reunite with his son. Federico again feigns jealousy of Aurora's doting over the marquis, but she knows otherwise and will never forgive him for his disdain. Batín makes light of the situation, but this is the calm before the storm. Before the duke's entry, Casandra and Federico deliberate on their course of action. Feeling defeated, Federico is inclined to hide their love and to pursue Aurora, but Casandra is unyielding in her opposition. She cries that she will die before permitting Federico to marry his cousin. Greeting Federico and Casandra, the duke proclaims to be a changed man. Having been enlightened on the journey, he resolves to live a virtuous life and to steer clear of the vices of his past. The duke's servant Ricardo reports to Batín that his master has undergone a complete metamorphosis. The duke is now humble, modest, and unselfish, a veritable saint. The cynical Batín has some reservations. The duke confers with Batín about what has occurred while he was away. Batín's responses incorporate a device that Lope signals in the *Arte nuevo*: deceiving with the truth (*engañar con la verdad*). Batín says that Federico was as triumphant in peace as the duke in wartime and that a stepmother never has been so positively disposed toward her stepson as Casandra toward Federico. Batín then exceeds the truth by extolling the discretion, virtue, and holiness of Casandra. Relieved and determined to prove his reformation, the duke is left with a false sense of security. As he peruses his correspondence, he comes upon an anonymous letter that condemns Casandra and Federico for their betrayal. If they are guilty, he attributes the transgression to punishment by God for his prior sins. The duke decides to keep an eye on the couple so as to corroborate the accusation, which he appears to accept as valid. He is most distraught by the disloyalty of his son. As he contemplates his plight, he is troubled not only by the treachery but by the threat of dishonor if the affair is made public. Disgrace is inevitable, but the duke can preserve his honor by punishing those responsible. This would not be revenge, he submits, but protection of the honor that is due him. Federico asks his father for Aurora's hand in marriage, and he contends that Casandra has not been the benevolent stepmother that others have reported. Left alone, the duke is furious that Federico could commit such perfidy, but then wonders if the incriminating letter is truthful. With Aurora in attendance, Casandra tells the duke that Federico has governed admirably in his absence. The duke suggests that, by her description, she will have trouble differentiating between father and son. Casandra is shocked to learn that Federico has asked for Aurora's hand in marriage. Aurora says that she does not love the count, refuses the offer, and abruptly takes her leave. The duke hides to listen to a conversation between Federico and Casandra. The count defends his courtship of Aurora as an attempt to divert suspicion, and she calls him a coward. The duke needs no further proof of infidelity. Acknowledging that the treason must not be made public, he now will fabricate a ploy to conceal the grievance and to retain his honor. With the duke's full consent and encouragement, Aurora makes plans to return to Mantua with the marquis, and Batín asks to join them. The duke ponders the dilemma that faces him and polishes—and rationalizes—his scheme. Killing Casandra and Federico as punishment for their offense will not be *his* vengeance but God's. God demands that a son obey his father, and Federico has broken this law. The count has let himself be swayed by a woman, a member of the weaker sex. He has put the family's honor in the most precarious position possible, and the duke must punish him, out of respect for secular and divine law. The duke explains to Federico that a man who has plotted his overthrow has been discovered. He orders Federico to kill the guilty party by sword and in secret. The victim is Casandra, who has been bound. The duke accuses Federico of murdering Casandra out of jealousy after having learned that she was pregnant, for an heir who would have deprived him of his birthright. The duke demands that Federico be killed immediately, and, when the two cadavers are revealed, the marquis avows that this has been "punishment without revenge" (*castigo sin venganza*). Batín has the final words, calling the play a tragedy, a source of wonderment for Italy and an example for Spain, as he repeats the words of the title.

In *El castigo sin venganza*, Lope delves into the psychology of his characters. Casandra and Federico feel used and ill-treated, and each must leave a comfort zone: her home and his status in the court. Casandra tempers love with resentment. Disenchantment draws Federico into the illicit affair with his father's wife, and the divided allegiance gives him no respite. Federico's torment stands in contrast to Casandra's, which is mired in rage. He seems to think that there may be a solution to his anguish, but circumstances will not permit a restoration of "order" without bloodshed. The stakes are too high, the misdeeds too blatant. The duke affirms the change wrought by his service to a holy cause, but immediately upon his return he is apprised of the deception, and he plots the punishment. In his mind, therefore, he is not a metadramatist who eliminates the offenders—and silences those who would broadcast his dishonor—but the vehicle through which God settles the score. He *punishes*—while God *avenges*—the son's disobedience and the wife's insult to the sacrament of matrimony. The distinction between man and God is fundamental to the title phrase and to the characterization of the duke, but it is hardly free of irony. A measure of cynicism filters through the text, as fate, discourse, and religion interconnect. There is much food for thought in *El castigo sin venganza*, truly an exploration of literature, theater, and human nature.

TOPICS FOR CONSIDERATION

Questions for Review

Act 1

How do the themes of disguise, deception, and trickery make their way into the opening scene? What is the symbolic value of these elements?

How is the character of the duke revealed? What is the significance of the description of the duke's behavior in the past?

What motivates the duke to marry at this stage of his life?

What is the duke's attitude toward his son Federico?

How does Lope bring the topics of poetry and theater into the play? What effect might these commentaries have on the reader or spectator?

What are the first signs of a pattern of irony in the play?

What is Federico's first contact with Casandra?

Who is the Marquis de Gonzaga, and what is his role in the play?

Who is Aurora, and how does she contribute to the dramatic conflict?

What is the predominant imagery of Act 1?

Act 2

How does the duke treat Casandra early in their marriage? How does she react? How does the language of her speeches indicate her state of mind?

How does Federico respond to his father's interest in arranging his marriage to Aurora?

In the dialogue between Casandra and Aurora, what are the clues that neither of the women is completely sincere or forthcoming?

What are the principal tensions in the dialogue of Federico and Casandra? What distinctions can be noted in the way that each handles the growing love between them?

How does the theme of the imagination come into the play?

What is Aurora's strategy to win Federico?

What is the turning point that literally will affect the duke's presence in the play? How does Federico respond to the news?

Which characters speak most emphatically of revenge or vengeance?

How do Federico's and Casandra's declarations of love display their inner conflicts?

Why might Lope have decided to use death imagery at the end of Acts 1 and 2?

Act 3

How does Aurora describe what has transpired in the court during the duke's absence?

How does Aurora treat Federico?

How does Casandra react to the news of the duke's return?

How does the duke describe the changes that he sees in himself?

What does the duke's servant Ricardo say about his master?

How does Batín answer the duke's questions about the conduct of Federico and Casandra during his absence?

What does the duke find among the correspondence that he reviews?

What is Federico's plan to turn the duke's attention away from his affair with Casandra?

What is Casandra's response to the duke's announcement about Federico and Aurora?

What is the result of the duke's eavesdropping on the conversation between his wife and his son?

What decision is made regarding Aurora?

How does the duke justify his means of remedying the situation and avoiding dishonor?

How does Casandra die?

How does Federico die?

What are the final messages of the play, and who delivers them?

Questions for Discussion/Essays

Discuss the *characterization* of the three major figures (the duke, Federico, and Casandra). What are their most pronounced qualities? What adjectives might best describe each of them? How do the soliloquies help to reveal character? Will any of the characters evoke sympathy?

Discuss the function of the prominent supporting characters—Batín, Aurora, and the Marquis de Gonzaga—in the play.

Consider the ways in which the play exemplifies the concept *metatheater.*

Describe Lope's use *irony*, situational and linguistic, in the play.

Explain the duke's rationale for his final act. Is his argument coherent? Is it convincing?

Discuss the language of the play. The poetry here is not pure embellishment; it relates intimately to the dramatic conflict. What are the recurring words, phrases, and themes? What are the most prevalent and most captivating rhetorical figures? What are the principal sources of the allusions? In other words, how does Lope utilize poetic diction to enhance the action of *El castigo sin venganza*?

Discuss the role of *honor* in the play.

Reflect on the possibilities of tragic drama in early modern Spain. Is there a definition of *tragedy* that could be applied to *El castigo sin venganza*? Are there aspects of the play that would resist its being labeled a tragedy?

Based on a reading of the play, consider Lope's view of human nature. Is he an optimist or a pessimist? Is his vision feminist, antifeminist, or neither? How does he deal with questions of love?

Discuss the prospect of staging the play. What aspects of the text might a director want to emphasize? What might serve as a central concept (and, by implication, the central themes and messages) for the director?

TERMS RELATED TO EARLY MODERN SPANISH LITERATURE AND THEATER

el Siglo de Oro, la Edad de Oro: the Golden Age, the period encompassing the second half of the sixteenth century and the seventeenth century, a time of great artistic production and of Spain's imperial glory, including the New World encounter

el barroco: the baroque, a term first employed with reference to the plastic arts and indicating an intensity of form and content, including violent contrasts, pessimism and disillusionment (*desengaño*), an abundance of rhetorical figures, and a lack of moderation on all levels

metateatro: metatheater (or metatheatre), a term coined by the scholar Lionel Abel to categorize a consciousness on the part of literary characters of their role as actors in the great theater of the world and who become metaphorical dramatists by writing their own scripts in the scenarios of others

honra/honor: both translated as honor, **honra** refers to public perception and to appearances, which can become more powerful than reality, whereas **honor** (which can be used interchangeably with *honor*) more specifically refers to internal character and absolute goodness or evil

los Reyes Habsburgo: the Habsburg monarchs, descendants of Fernando and Isabel, and rulers of Spain during the Golden Age (Carlos I, Felipe II, Felipe III, Felipe IV, Carlos II)

Individual readers of *El castigo sin venganza* will want to process the words of the play, and the imagined action, in accordance with their reception of the material. Some may be focused on love, others on psychological issues, others on questions of responsibility, tragedy, honor, language, and so forth, and on combinations of elements. One may start at the end and work backwards in assessing the impact of the dénouement, and, of course, much of the ironic thrust of the play depends on a sense of destiny or inevitability. In a sense, the play has three protagonists, and the case can be made for each (and for the ensemble) as the tragic hero or heroine. It is possible to frame an argument around the text itself, and it is equally possible to go beyond the text to look at external factors, such as, among others, history, politics, early modern Spanish society, gender, literary and dramatic theory, all as means of gaining insights into—and enriching an appreciation of—the play. Critical commentary thus will take multiple directions, many of which will be judged valid, even if debatable, provided that critics effectively substantiate their theses. Whatever the approach, the first step of criticism should be a close reading of the text, considerable reflection, and, likely, rereading(s). The more one prepares to present ideas about a text, the more profitable the results and the more enjoyable the confrontation between reader and text. Notes in an edition, class discussion, and the research of scholars can help deepen the process and, it is hoped, the level of enjoyment.

El castigo sin venganza has generated commentary from multiple vantage points, on occasion contradictory. Tension, irresolution, and ambiguity mark its trajectory, and its beautiful verses are beautifully opaque. In the play, the major points of controversy have to do with the duke's rationalization of his grim remedy, his professed reformation, the concept of a Christian tragedy, the rules of honor, the possible links to history and to Lope's biography, the politics of early modern Spain, the imagination, the intertext, and, most certainly, irony, as mediated by the instincts and the priorities of the individual reader, spectator, director, or critic. An unexpected irony of *El castigo sin venganza*, one might argue, is Lope's planting of irony as an analogue or substitute for the fate of classical antiquity, only to undermine (or, at the very least, to problematize) this solution by introducing Christian theology into the frame. The alteration muddies the waters, but not necessarily to the detriment of the play's message systems or the playwright's virtuosity. Conflict is, after all, the heart of drama.

BIBLIOGRAPHY

EDITIONS

A1631 autograph edition of *El castigo sin venganza* is in the Ticknor Collection of the Boston Public Library (D.174) and is available in a digitized version: http://www.archive.org/details/elcastigosinveng00vega

The Biblioteca Virtual Miguel de Cervantes offers a digitized version of *El castigo sin venganza* based on the "Veinte y vna parte verdadera de las Comedias del fenix de España frei Lope Felix de Vega Carpio ..., En Madrid : por la viuda de Alonso Martin, a costa de Diego Logroño ..., vendese en sus casas ..., 1635, h. 91-113. Localización: Biblioteca Nacional (España). Sig. R/25134.

Vern G. Williamsen has transcribed the Biblioteca Nacional version, which is available on the website of the Association for Hispanic Classical Theater. There are several options available at the website, including a pedagogical version with notes by Matthew D. Stroud.

Vega, Lope de. *El castigo sin venganza*. Ed. C. F. A. van Dam. Groningen: P. Noordhoff, 1928.

_____. *El castigo sin venganza*. Ed. C. A. Jones. Oxford: Pergamon, 1966.

_____. *El castigo sin venganza*. Ed. Alfredo Rodríguez. Zaragoza: Ebro, 1966.

_____. *El castigo sin venganza*. Ed. C. F. A. van Dam. Salamanca: Anaya, 1969.

_____. *El castigo sin venganza.* Ed. José María Díez Borque. Madrid: Espasa-Calpe, 1988.

_____. *El castigo sin venganza.* Ed. Antonio Carreño. Madrid: Cátedra, 1990.

_____. *El castigo sin venganza.* Ed. Felipe Pedraza Jiménez. Barcelona: Octaedro, 1999.

_____. *El castigo sin venganza.* Ed. José María Díez Borque. Barcelona: DeBolsillo, 2003.

_____. *El castigo sin venganza.* Ed. Alejandro García Reidy. Barcelona: Crítica, 2009.

_____. *Fuenteovejuna. El castigo sin venganza.* Ed. Manuel Fernández Nieto. Madrid: Sociedad General Española de Librería, 1982.

_____. *El perro del hortelano. El castigo sin venganza.* Ed. A. David Kossoff. Madrid: Castalia, 1970.

CRITICAL STUDIES

Abel, Lionel. *Metatheatre: A New View of Dramatic Form.* New York: Hill and Wang, 1963.

Alborg Day, Concha. "El teatro como propaganda en dos tragedias de Lope de Vega: *El duque de Viseo* y *El castigo sin venganza.*" *Lope de Vega y los orígenes del teatro español.* Ed. Manuel Criado de Val. Madrid: EDI-6, 1981. 745-54.

Alvar, Manuel. "Relaboración y creación en *El castigo sin venganza.*" Doménech 207-22.

Atienza, Belén. *El loco en el espejo: Locura y melancolía en la España de Lope de Vega.* Amsterdam and New York: Rodopi, 2009.

Bianco, Frank J. "Lope de Vega's *El castigo sin venganza* and Free Will." *Kentucky Romance Quarterly* 26 (1979): 461-68.

Carreño, Antonio. "Las 'causas que se silencian': *El castigo sin venganza* de Lope de Vega." *Bulletin of the Comediantes* 43.1 (1991): 5-19.

_____. "'… La sangre / muere en las venas heladas': *El castigo sin venganza* de Lope de Vega." Lauer and Sullivan 84-102.

_____. "La 'sin venganza' como violencia: *El castigo sin venganza* de Lope de Vega." *Hispanic Review* 59.4 (1991): 379-400.

_____. "Textos y palimpsestos: La tradición literaria en *El castigo sin venganza* de Lope de Vega." *Bulletin Hispanique* 92.2 (1990): 729-47.

De Armas, Frederick A. "From Mantua to Madrid: The License of Desire in Giulio Romano, Correggio, and Lope de Vega's *El castigo sin venganza.*" *Bulletin of the Comediantes* 59.2 (2007): 233-65.

_____. "The Silences of Myth: (Con)fusing Eróstrato/Erasistrato in Lope's *El castigo sin venganza.* Lauer and Sullivan 65-75.

Díaz Balsera, Viviana. "Honor, deseo de identidad y fragmentación en *El castigo sin venganza.*" *Romance Languages Annual* 3 (1991): 420-26.

Díez Borque, José María. "Lope de Vega trágico: Juventud-madurez." *Ínsula: Revista de Letras y Ciencias Humanas* 658 (2001): 18-22.

Dixon, Victor. "*El castigo sin venganza*: The Artistry of Lope de Vega." *Studies of Spanish Literature of the Golden Age Presented to Edward M. Wilson.* Ed. R. O. Jones. London: Tamesis, 1973. 63-81.

———. "Lope Félix de Vega Carpio." Gies 251-64.

Dixon, Victor, and Isabel Torres. "*La madrastra enamorada*: ¿Una tragedia de Séneca refundida por Lope de Vega?" *Revista Canadiense de Estudios Hispánicos* 19.1 (1994): 39-60.

Doménech, Ricardo, ed. El castigo sin venganza *y el teatro de Lope de Vega.* Madrid: Cátedra, 1987.

Edwards, Gwynne. "Lope and Calderón: The Tragic Pattern of *El castigo sin venganza.*" *Bulletin of the Comediantes* 33.2 (1981): 107-20.

———. *The Prison and the Labyrinth: Studies in Calderonian Tragedy.* Cardiff: University of Wales Press, 1978.

Elliott, J. H. *Imperial Spain: 1469-1716.* 2nd ed. New York: Penguin, 2002.

Evans, Peter W. "Character and Context in *El castigo sin venganza.*" *Modern Language Review* 74.2 (1979): 321-34.

Fischer, Susan L. "Lope's *El castigo sin venganza* and the Imagination." *Kentucky Romance Quarterly* 28.1 (1981): 23-36.

Fox, Dian. "The Grace of Conscience in *El castigo sin venganza.*" *Studies in Honor of Bruce W. Wardropper.* Ed. Dian Fox, Harry Sieber, and Robert ter Horst. Newark, DE: Juan de la Cuesta, 1989. 125-34.

Frenk, Margit. "Claves metafóricas en *El castigo sin venganza.*" *Filología* 20.2 (1985): 147-55.

Friedman, Edward H. "*El castigo sin venganza* and the Ironies of Rhetoric." *A Companion to Lope de Vega.* Samson and Thacker 215-25.

———. "Dioses y monstruos: El espacio trágico en Lope y Calderón." García Santo-Tomás 115-38.

———. "'Llanto sobra, y valor falta': La estructura de la tragedia en *El castigo sin venganza.*" García Lorenzo 81-96.

García Lorenzo, Luciano, and Enrique García Santo-Tomás, eds. *Hacia la tragedia áurea: Lecturas para el nuevo milenio.* Madrid and Frankfurt: Iberoamericana/Vervuert, 2008.

García Santo-Tomás, Enrique, ed. *El teatro del Siglo de Oro ante los espacios de la crítica: Encuentros y revisiones.* Madrid and Frankfurt: Iberoamericana/Vervuert, 2002.

Gies, David T., ed. *The Cambridge History of Spanish Literature.* Cambridge: Cambridge University Press, 2004.

Gitlitz, David M. "Ironía e imágenes en *El castigo sin venganza.*" *Revista de Estudios Hispánicos* 14.1 (1980): 19-41.

Golden, Bruce. "The Authority of Honor in Lope's *El castigo sin venganza.*" *Shakespeare and Dramatic Tradition: Essays in Honor of S. F. Johnson.* Ed. W. R. Elton and William B. Long. Newark: University of Delaware Press, 1989. 264-75.

González Echevarría, Roberto. "Poetry and Painting in Lope's *El castigo sin venganza.*" *Celestina's Brood: Continuities of the Baroque in Spanish and Latin-American Literature.* Durham: Duke University Press, 1993. 66-80.

González García, Serafín. "Amor y matrimonio en *El castigo sin venganza.*" *Dramaturgia española y novohispana: Siglos XVI-XVII.* Ed. Lillian von der Walde and Serafín González García. Mexico City: Universidad Autónoma Metropolitana, Unidad Iztapalapa, 1993. 17-27.

Greer, Margaret R. "The Development of National Theatre." Gies 238-50.

Hayes, Francis C. *Lope de Vega.* New York: Twayne, 1967.

Hermenegildo, Alfredo. *La tragedia en el Renacimiento español.* Barcelona: Planeta, 1973.

Hesse, Everett W. "The Perversion of Love in Lope de Vega's *El castigo sin venganza.*" *Hispania* 60.3 (1977): 430-35.

Kamen, Henry. *Spain, 1469-1714: A Society of Conflict.* 3rd ed. Harlow, U.K., and New York: Longman/Pearson, 2005.

Larson, Donald R. *The Honor Plays of Lope de Vega.* Cambridge: Harvard University Press, 1977.

Lauer, A. Robert, and Henry W. Sullivan. *Hispanic Essays in Honor of Frank P. Casa.* New York: Peter Lang, 1997.

Lawrance, Jeremy. "A Note on Scenic Form in *El castigo sin venganza.*" *The Discerning Eye: Studies Presented to Robert Pring-Mill on His Seventieth Birthday.* Ed. Nigel Griffin et al. Llangrannog, Wales: Dolphin, 1994. 57-76.

Mancebo, Yolanda. "*El castigo sin venganza,* a escena." *Amor y erotismo en el teatro de Lope de Vega.* Ed. Felipe B. Pedraza Jiménez, Rafael González Cañal, and Elena Marcello. Almagro: Ediciones de la Universidad de Castilla-La Mancha, 2003. 61-82.

Martínez, Christine D. "Disguised Discourse: Emblems in Lope de Vega's *El castigo sin venganza.*" *Bulletin of the Comediantes* 46.2 (1994): 207-17.

Martínez Thomas, Monique. "El texto didascálico en *El castigo sin venganza* de Lope de Vega." *Criticón* 71 (1997): 117-26.

May, T. E. "Lope de Vega's *El castigo sin venganza:* The Idolatry of the Duke of Ferrara." *Bulletin of Hispanic Studies* 37 (1960): 154-82.

McCrary, William C. "The Duke and the *Comedia:* Drama and Imitation in Lope's *El castigo sin venganza.*" *Journal of Hispanic Philology* 3 (1978): 203-22.

McGrady, Donald. "Sentido y función de los cuentecillos en *El castigo sin venganza*." *Bulletin Hispanique* 85.1-2 (1983): 45-64.

McKendrick, Melveena. "Anticipating Brecht: Alienation and Agency in Calderón's Wife-Murder Plays." *Bulletin of Hispanic Studies* 77.1 (2000): 217-36.

―――. "Language and Silence in *El castigo sin venganza*." *Bulletin of the Comediantes* 35.1 (1983): 79-95.

―――. *Playing the King: Lope de Vega and the Limits of Conformity*. London: Tamesis, 2000.

―――. *Theatre in Spain, 1490-1700*. Cambridge: Cambridge University Press, 1989.

Moir, Duncan. "The Classical Tradition in Spanish Dramatic Theory and Practice in the Seventeenth Century." *Classical Drama and Its Influence: Essays Presented to H. D. F. Kitto*. Ed. M. J. Anderson. London: Methuen, 1965. 193-228.

Morby, Edwin S. "Some Observations on *Tragedia* and *Tragicomedia* in Lope." *Hispanic Review* 11 (1943): 185-209.

Morris, C. B. "Lope de Vega's *El castigo sin venganza* and Poetic Tradition." *Bulletin of Hispanic Studies* (1963): 69-78.

Murray, Janet Horowitz. "Lope through the Looking-Glass: Metaphor and Meaning in *El castigo sin venganza*." *Bulletin of Hispanic Studies* 56 (1979): 17-29.

Parker, Alexander A. "The Approach to the Spanish Drama of the Golden Age." *Tulane Drama Review* 4.1 (1959): 42-59.

―――. "Towards a Definition of Calderonian Tragedy." *Bulletin of Hispanic Studies* 39 (1962): 222-37.

Parker, Mary. *Spanish Dramatists of the Golden Age: A Bio-Bibliographical Sourcebook*. Westport, CT: Greenwood, 1998.

Petro, Antonia. "El chivo expiatorio sustitutorio: *El castigo sin venganza*." *Bulletin of the Comediantes* 55.1 (2003): 23-46.

Pym, Richard J. "Tragedy and the Construct Self: Considering the Subject in Spain's Seventeenth-Century *Comedia*." *Bulletin of Hispanic Studies* 75.3 (1998): 273-92.

Ricapito, Joseph V. "From Bandello to Freud and Lacan: Lope de Vega's *El castigo sin venganza*." *Oral Tradition and Hispanic Literature: Essays in Honor of Samuel G. Armistead*. Ed. Michael M. Caspi. New York: Garland, 1995. 582-602.

Rozas, Juan Manuel. "Texto y contexto en *El castigo sin venganza*." Doménech 163-90.

Samson, Alexander, and Jonathan Thacker, eds. *A Companion to Lope de Vega*.

London: Tamesis, 2008.

Sears, Theresa Ann. "Like Father, Like Son: The Paternal Perverse in Lope's *El castigo sin venganza*." *Bulletin of Hispanic Studies* 73.2 (1996): 129-42.

Soufas, Teresa Scott. *Dramas of Distinction: A Study of Plays by Golden Age Women.* Lexington: University Press of Kentucky, 1997.

Stern, Charlotte. "*El castigo sin venganza* and Leibniz's Theory of Possible Worlds." *Studies in Honor of William C. McCrary.* Ed. Robert Fiore et al. Lincoln: University of Nebraska, Society of Spanish and Spanish-American Studies, 1986. 205-13.

Stroud, Matthew D. *Fatal Union: A Pluralistic Approach to the Spanish Wife-Murder Comedias.* Lewisburg: Bucknell University Press, 1990.

⸻. *The Play in the Mirror: Lacanian Perspectives on Spanish Golden Age Theater.* Lewisburg: Bucknell University Press, 1996.

⸻. "Rivalry and Violence in Lope's *El castigo sin venganza.*" *The Golden Age Comedia: Text, Theory, and Performance.* Ed. Charles Ganelin and Howard Mancing. West Lafayette: Purdue University Press, 1994. 37-47.

Ter Horst, Robert. "'Error pintado': The Œdipal Emblematics of Lope de Vega's *El castigo sin venganza.*" *"Never-ending Adventure": Studies in Medieval and Early Modern Spanish Literature in Honor of Peter N. Dunn.* Ed. Edward H. Friedman and Harlan Sturm. Newark, DE: Juan de la Cuesta, 2002. 279-308.

Thacker, Jonathan. "The *Arte nuevo de hacer comedias:* Lope's Dramatic Statement." Samson and Thacker 109-18.

⸻. *A Companion to Golden Age Theatre.* Woodbridge, U.K.: Tamesis, 2007.

Thompson, Currie K. "Unstable Irony in Lope de Vega's *El castigo sin venganza.*" *Studies in Philology* 78.3 (1981): 224-40.

Van Antwerp, Margaret A. "Fearful Symmetry: The Poetic World of Lope's *El castigo sin venganza.*" *Bulletin of Hispanic Studies* 58.3 (1981): 205-16.

Varey, John. "*El castigo sin venganza* en las tablas de los corrales de comedia." Doménech 223-39.

Vega, Lope de. *Arte nuevo de hacer comedias.* Ed. Enrique García Santo-Tomás. Madrid: Cátedra, 2006.

⸻. *El caballero de Olmedo.* Ed. Edward H. Friedman. Newark, DE: Juan de la Cuesta, 2004.

⸻. *La dama boba.* Ed. Diego Marín. Madrid: Cátedra, 1996.

⸻. *Fuenteovejuna.* Ed. Matthew A. Wyszynski. Newark, DE: Juan de la Cuesta, 2003.

Wade, Gerald E. "The Comedia's Plurality of Worlds: Some Observations." *Hispania* 65.3 (1982): 334-45.

⸻. "Lope de Vega's *El castigo sin venganza:* Its Composition and Presentation." *Kentucky Romance Quarterly* 23 (1976): 357-64.

Wardropper, Bruce W. "Civilización y barbarie en *El castigo sin venganza.*" Doménech 191-205.

Williamsen, Vern G. "*El castigo sin venganza* de Lope de Vega: Una tragedia novelesca." *LA CHISPA '83: Selected Proceedings.* Ed. Gilbert Paolini. New Orleans: Tulane University Press, 1983. 315-25.

Wilson, Edward M. "Cuando Lope quiere, quiere." Trans. Rafael Ferreres. *Cuadernos Hispanoamericanos* 161-62 (1963): 265-98.

Wilson, Margaret. *Spanish Drama of the Golden Age.* Oxford and London: Pergamon, 1969.

Yarbro-Bejarano, Yvonne. *Feminism and the Honor Plays of Lope de Vega.* West Lafayette: Purdue University Press, 1994.

Ynduráin, Domingo. "*El castigo sin venganza* como género literario." Doménech 141-61.

ANNOTATED BIBLIOGRAPHY: A SELECTION

May, T. E. "Lope de Vega's *El castigo sin venganza*: The Idolatry of the Duke of Ferrara." *Bulletin of Hispanic Studies* 37 (1960): 154-82.

Through a subtle and complex argument, T. E. May explores the Duke of Ferrara's rationale for his act of murder as a just and divinely inspired punishment. May stresses the importance of wit in early modern Spanish drama, and his study depends heavily on the elaboration of multiple layers of irony in the play. Lope's duke is significantly different from his predecessor (a marquis) in Bandello, and the play's resolution, in consequence, has a special cast. Perhaps the most ironic feature of the play, for May, is the conversion of the duke not only into a moralist but a theologian, who acknowledges that the adultery is a sign from above that he is being chastised in a most emphatic way for the wicked and immoral life that he has led. The transposition of victim and victimizer is a major conceit of the play and a marker of the play's comprehensive structure of irony. The duke's sacrifice of his son may have theological overtones, but, if so, this would be the ultimate irony.

Wilson, Edward M. "Cuando Lope quiere, quiere." Trans. Rafael Ferreres. *Cuadernos Hispanoamericanos* 161-62 (1963): 265-98.

Edward M. Wilson recognizes *El castigo sin venganza* as one of the relatively few Spanish tragedies of the seventeenth century. He mentions that, in many plays of the period, the dramatic conflict is built around a ruler's public and private needs and responsibilities. More often than not, the greater good overrides personal desires, but here that is not the case. Throughout most of his life, the Duke of Ferrara has been self-indulgent to the extreme, and his interest in serving those under his authority comes late. In his detailed commentary on the three main figures, Wilson notes the psychological sharpness of the characterization and the impartiality with which Lope presents the deep emotional struggles—and the vanity that predominates—in each case. The lesson for the public, Wilson contends, applies equally to the protagonists: one must be cognizant of the confusion and deceit that pervade society, and one must use good sense and restraint to combat lust, temptation, and the power of evil. The public show of virtue must be accompanied by inner virtue, that is, by truth and integrity. The title of the essay quotes Lope's subtitle, which appeared in the first published version of the play, in 1634.

Larson, Donald R. "Late Plays: The Turn toward Tragedy." *The Honor Plays of Lope de Vega.* Cambridge and London: Harvard University Press, 1977. [*El castigo sin venganza* 131-58.]

At the base of Donald R. Larson's analysis of *El castigo sin venganza* is the Aristotelian model for tragedy. Larson begins by referring to scholars who have identified a Spanish translation of one of the *Histoires tragiques* of François de Belleforest, itself the adaptation of a novella by Matteo Bandello, as the primary source of Lope's play. The Belleforest text concludes with a moralization centered more on the unjust suffering of the young lovers than on the punishment of the father/husband for his licentious behavior. Larson points to the Duke of Ferrara as the focal character of *El castigo sin venganza.* The audience observes that the duke has the capacity for greatness, that he has an overweening pride, and that he is on the road to a disastrous fall. That fall is justified, but unfortunate and ironic, for it could have been avoided. The signs of tragedy are apparent throughout the play, no more so than in the repeated allusions to death in the dialogue of Federico and Casandra. The duke's frailties are obvious, but his essential goodness—a criterion of Aristotle's *Poetics*—needs a bit of defense on Larson's part. The major flaw, for Larson, is that the duke does not reflect before he acts; his conduct is governed by instincts and impulses which are, on many occasions, unwise. He is caught unaware of what is happening around him, and he is, more than the younger pair, responsible for the consequences. The lack of reflection marks a misuse of free will. Larson's willingness to sympathize with the duke has to do with the projection, in the play, of a world enveloped in deceit, darkness, and confusion, which can trap even the well-intentioned. This could be Lope's nod to classical tragedy, which the Spanish Catholic playwright seems to emulate while accepting differences in time, place, and theology.

McCrary, William C. "The Duke and the *Comedia*: Drama and Imitation in Lope's *El castigo sin venganza*." *Journal of Hispanic Philology* 3 (1978): 203-22.

Starting with the hypothesis by Lionel Abel, supported by Bruce W. Wardropper, that early modern drama rests on the world/stage and life/dream metaphors, William C. McCrary offers a third, derived from Cicero: that a play is a mirror of truth. The essay analyzes *El castigo sin venganza* in light of the three premises, all of which are backed by direct quotations from the text. McCrary classifies the play as a tragedy, although Abel employs the term *metatheatre* to distinguish seventeenth-century drama from the tragedies of classical antiquity. Nonetheless, he depends on Abel's concept of theatricalization to suggest that the symbolism of the Duke of Ferrara's killing of Federico operates on several levels. The murder avenges crimes committed against God and man. It emblematizes the duke's definitive break from his past transgressions and thus brings about a purgation, a catharsis. The duke gives himself the role of author—father-figure as well as literal father—in a reenactment of spiritual drama on the grandest scale. The duke previously had been a spectator of life's theater. He is now a creator and director, and Lope captures this crucial and transitional moment, a moment of renewal. Despite the emotional depths projected by Lope in *El castigo sin venganza*, in McCrary's reading metaphor trumps psychology. Lope catches the conscience of the duke as the duke becomes increasingly self-conscious about his role in the scheme of things.

Evans, Peter W. "Character and Context in *El castigo sin venganza*." *Modern Language Review* 74.2 (1979): 321-34.

Aristotle, in the *Poetics*, underscores that a playwright who strives to appeal to the eye is, to an extent, inartistic. Lope de Vega seems, to a degree, at least, to respect that position in his treatise on drama. The Spanish philosopher José Ortega y Gasset, in his *Idea del teatro*, in contrast, emphasizes the fundamental dynamics of space and sight in any theatrical performance. Peter W. Evans builds upon these principles in his study of *El castigo sin venganza*. Plays evoke a sense of place that cannot help but affect the response of an audience. Members of the audience are simultaneously detached as spectators and engaged in, and absorbed into, the onstage action. Plays are entertaining and meaningful, combining art and life, and they require that the viewer connect character and context. It would be possible to submit that order is restored at the end of *El castigo sin venganza*, and Evans demonstrates the interdependence between the Duke of Ferrara and Ferrara as the primary site of the action. Ferrara becomes a metonym from which to discern and evaluate the social doctrine implicit in the play. Evans highlights what might be termed the dual centrality of the duke and the audience, for the duke turns into a type of spectator whose point of view the real spectators inherit. The perspective reflects dominant beliefs, but not the truth, so that the audience enters a realm of illusion. Evans relates the duke's mistrust of cultured poetry with a fear of the unknown, and he finds in this a call to the viewers to contemplate their own reliance on convention and on conventional thought. *El castigo sin venganza* concerns itself with negative elements: revenge, forced marriages, despotism, repression, and so forth. Eventually, however, illusion cedes to the beginning of understanding. The spatial components of the play—not just hearing, but seeing—critique the perspective that has united the protagonist and the audience and pushes both in new directions.

Gitlitz, David M. "Ironía e imágenes en *El castigo sin venganza*." *Revista de Estudios Hispánicos* 14.1 (1980): 19-41.

David M. Gitlitz examines the intersection of irony and imagery in *El castigo sin venganza*. He defines imagery in a broad sense, to encompass figurative language, allusion, and allegory, among other categories. He moves from deception (confusion, mirrors) to fables and myths and then to foreshadowing and recurring words and patterns. The section on motifs focuses on poison, swords, madness, betrayal, vengeance, error, and, lastly, references to God. In Gitlitz's opinion, there is a discrepancy between the duke's justification of his "punishment without revenge" and the signs of hypocrisy inscribed by Lope into the text. This is a tragedy that must be qualified as such. The accumulation of ironies produces a profound feeling of estrangement from life and a bitter disillusionment with humanity. Gitlitz associates the tone of despair with events in Lope's life at the time in which he wrote the play (1631), including the illness, physical and mental, of his lover, muse, and mother of one of his daughters, Marta de Nevares, who died the following year.

Edwards, Gwynne. "Lope and Calderón: The Tragic Pattern of *El castigo sin venganza*." *Bulletin of the Comediantes* 33.2 (1981): 107-20.

Gwynne Edwards opens the essay by citing his work on Calderonian tragedy, in which he proposes that there are factors beyond the indiscretions of individuals—the actions of others, circumstances, and attitudes—which can determine a tragic fate. He applies this approach to *El castigo sin venganza* as he compares characters and situations in Lope's plays to those of his successor. In Calderón, the symbols of the prison and the labyrinth aid in conveying the tragic vision, and the two symbols form part of the discourse of Lope's play, as well. The principal characters are caught in traps that are, in turn, of their own making and beyond their control. For Edwards, the inability to regulate one's life is the essence of tragedy. In *El castigo sin venganza* and in the tragedies of Calderón, there is a discernible dialectics of self-determination, on the one hand, and the limits of freedom, imposed by others, brought about by accident, or by higher agencies, on the other. The duke, Federico, and Casandra have choices—frequently with clear moral parameters—but they are constrained by social pressures and by their instincts and flaws. The most striking irony of *El castigo sin venganza* brings to mind precisely the prison and the labyrinth. The characters, all of whom reveal a potential for goodness, seek to extricate themselves from the obstacles in their paths, but they are defenseless; they can find no escape and no redemption. Within Lope's bleak vision, they are undone by their shortcomings and by an overriding helplessness.

Fischer, Susan L. "Lope's *El castigo sin venganza* and the Imagination."
   Kentucky Romance Quarterly 28.1 (1981): 23-36.

In her study of the role of the imagination in *El castigo sin venganza*, Susan L.
Fischer accentuates Lionel Abel's concept of metatheatre, which sees life as
theatricalized. The Duke of Ferrara is the key example, but each of the lead
players possesses a dramatist's consciousness, and each, inspired by a potent
imagination, is willing to deviate from the scripts of others. Thoughts are
not merely figments of the imagination but motivations for desperate and
dangerous acts of love, jealousy, and revenge. Paradoxically, fiction imitates
a reality that, for its part, appeals to a fictional impetus. While the
imagination can be richly productive, it can be, as in the play, exceedingly
destructive. Lope produces illusions and breaks them. *Desengaño* thus applies
to disillusionment and to the revelation of theatrical devices that place the
audience inside and outside the emotional crises. Fischer points to the irony
of the re-dramatization of the duke's offenses in the metaplots invented by
his son and his wife. She interprets the metatheatrical comments of the duke
as the playwright's warning to the spectator to think freely and to avoid the
pull of the deceptions that threaten to engulf the unwary. Inappropriate use
of the imagination, encoded hyperbolically in *El castigo sin venganza*, can teach
the theatergoer an exemplary lesson in reverse.

Van Antwerp, Margaret A. "Fearful Symmetry: The Poetic World of Lope's
   El castigo sin venganza." *Bulletin of Hispanic Studies* 58.3 (1981): 205-16.

Margaret A. Van Antwerp bases her analysis of *El castigo sin venganza* on the
calculated and sustained system of contradictions within the play. She
considers this rhetorical back-and-forth to be the root of disparity among
critical positions and the solution to the apparent impasse. The text
functions as a series of oppositions—the figure of chiasmus ordered and
molded into baroque analogies—in form and content. The characters and
the language of the drama serve as constituent parts and their antitheses.
The Duke of Ferrara is sinner and saint, dissembler and seeker of truth.
Federico is not only son and rival but a doppelgänger and mirror image of
his father. Imagery is regularly double-edged. Van Antwerp scrutinizes such
images as that of the flaming pelican invoked by the count as a metaphor for
his irrational and destructive love for Casandra; like the bird that fights to
save his offspring from burning yet only intensifies the blaze, the more he

tries to extinguish the flame of love, the more he fuels the fire of passion. Other examples include the lion and the horse, and all these images move fluidly from one associative field to another. Fittingly, the opening and closing scenes of *El castigo sin venganza* exhibit the pattern of symmetry and reversal that determines and distinguishes the play's structure. The duke at first wants to escape reality, whereas at the end he goes in search of the truth. For Van Antwerp, the play is not as much about choices—or about morality and immorality—as about surveying, and exhausting, options, which means that the protagonist of this tour de force may not be the duke but the playwright.

McKendrick, Melveena. "Language and Silence in *El castigo sin venganza.*" *Bulletin of the Comediantes* 35.1 (1983): 79-95.

Melveena McKendrick remarks at the beginning of her essay that *El castigo sin venganza* differs from other wife-murder plays, in that the husband in question is head of state, and thereby the repository of divine as well as earthly justice, and that the man who offends him is his own son. McKendrick's approach is metalinguistic; she attributes the ambiguity of *El castigo sin venganza*, and its differing critical responses, in great measure to the status of language in the play. Speech in the dramatic context is almost never straightforward, and the issues that Lope treats are about communication and the intricacies of discourse as well as about love, infidelity, and revenge. McKendrick studies in depth the most problematic speech of the play, the Duke of Ferrara's explanation of the "punishment" that he carries forth, which she regards as a manifestation of language as a tool of exploitation, as a means of covering up a criminal and unconscionable act through carefully chosen words that subordinate logic to rhetoric. Conversely, Federico resorts to silence in order to avoid publicizing—making material, giving substance to—the incestuous relationship with Casandra. Both efforts fail, the first because the defense has glaring gaps and the second because silence becomes untenable. The respective strategies can only defer the inevitable tragedy. Although McKendrick does not phrase it in this manner, her essay presents Lope as a precocious deconstructionist, who illustrates that language cannot signify on its own, but that there is a distance—a mediating space—between expression and comprehension and, importantly, between comprehension and expression.

Rozas, Juan Manuel. "Texto y contexto en *El castigo sin venganza*." El castigo sin venganza *y el teatro de Lope de Vega*. Ed. Ricardo Doménech. Madrid: Cátedra, 1987. 163-90.

Juan Manuel Rojas opens his essay with a list of four "anomalies" of *El castigo sin venganza*: (1) the play closed after its initial performance; (2) over nine months transpired between submission of the play and the granting of permission to perform it; (3) the play was first published, in Barcelona, as a *suelta*; and (4) the play was published with the subtitle "Cuando Lope quiere, quiere." The polemics hint of criticism and satire on Lope de Vega's part and of the reactions that the dramatic text triggered. This was a play of Lope's old age, when a younger generation of playwrights was prospering and moving in some different directions, albeit under the auspices of the *comedia nueva*. Rojas cites as components of the innovative scheme a "second-hand" Gongorism, a tendency to philosophize, and a cultivation of the *auto sacramental* and palace drama. For Rojas, the servant Ricardo, confidant of the Duke of Ferrara and called "chronicler" in the play, represents Don José de Pellicer, mortal enemy of Lope and chronicler of King Felipe IV, and, not coincidentally, baroque stylist. Lope's comfort zone was diminishing, as his supremacy of the Spanish stage was being overtaken by Pedro Calderón de la Barca, who occupied a favored position at Court. *El castigo sin venganza* manifests not only a growing concern over his age and his status but a factor that would have been superfluous in the *Arte nuevo de hacer comedias*, of 1609: the need to defend himself against competitors. Part of the play's frame, then, is the dramatist's personal statement on the precarious and transitory nature of celebrity. The message was not so understated, it would seem, as to elude Lope's detractors and the censors.

Wardropper, Bruce W. "Civilización y barbarie en *El castigo sin venganza*." El castigo sin venganza *y el teatro de Lope de Vega*. Ed. Ricardo Doménech. Madrid: Cátedra, 1987. 191-205.

Bruce W. Wardropper studies *El castigo sin venganza* within the contexts of classical tragedy and Calderonian tragedy. His treatment of Lope de Vega's play is influenced by the view of Alexander A. Parker, who contrasts the moral defect of the tragic hero of antiquity with the notion of "diffused responsibility," a process or chain of events that involves more than one person and that leads to catastrophe. Parker attributes this movement and this ideological stance to the tragic sense of life reflected in Christianity and in Calderón's dramatic production. Wardropper disagrees with those scholars who speak of the impossibility of a Christian tragedy, while he stresses distinctions between Lope and Calderón. Whereas Calderón understands tragedy as the result of a weakening of faith and of moral errors stemming therefrom, for Lope tragedy follows a misuse of free will and an abandonment of Christian doctrine. In *El castigo sin venganza*, the characters revert to the pagan vision of an inexorable fate; they give up the Christian God to return to the sensibility of primitivism and animal instincts, and they suffer the consequences of the transposition. Interestingly, Wardropper relates the honor code to the barbaric mindset that undermines Christian altruism and forgiveness.

Fox, Dian. "The Grace of Conscience in *El castigo sin venganza*." *Studies in Honor of Bruce W. Wardropper*. Ed. Dian Fox, Harry Sieber, and Robert ter Horst. Newark, DE: Juan de la Cuesta, 1989. 125-34.

Dian Fox focuses on *El castigo sin venganza*, which she considers, along with another of Lope de Vega's later works, the narrative *La Dorotea*, to have especially strong ties to the author's life and state of mind. Lope is filled with regret for his legendary indiscretions and errors of judgment. In her essay, Fox analyzes the discourse and decisions of Aurora and the marquis Carlos, vital secondary characters who act exclusively out of self-interest, with no remorse for the deaths that they help to bring about. Like Federico and Casandra, they replicate the flaws of the Duke of Ferrara. The array of moral deficiencies and the spirit of pessimism evident in the play suggest Lope's personal bitterness and melancholy. Among other things, *El castigo sin venganza* is about guilt on all sides, whether admitted, hidden, or unrecognized. In the speeches of the three principal characters, and in contrast to the supporting characters, Lope devotes considerable dramatic space to suffering and anguish. The play is tragedy laced with expiation, self-flagellation as revenge for a life misspent. Nevertheless, for Fox, Lope gives the leading characters, and himself, a redeeming grace of conscience.

Golden, Bruce. "The Authority of Honor in Lope's *El castigo sin venganza*."
Shakespeare and Dramatic Tradition: Essays in Honor of S. F. Johnson. Ed. W. R.
Elton and William B. Long. Newark: University of Delaware Press, 1989.
264-75.

When Lope de Vega has the Duke of Ferrara, in the first scene of *El castigo
sin venganza*, summon the Ciceronian definition of drama as an imitation of
life, a mirror of custom, and an image of truth, he adds "honor" to the list.
Bruce Golden believes that honor is the central thread of the play, for an
absolute commitment to honor is the duke's guiding principle and a source
of conflict between his errant lifestyle and his moral and legal responsibilities. The threat of dishonor continually looms in the background, and the
dénouement is a testament to the preeminence of the honor code.
Reviewing the uniquely Spanish notion of honorability, Golden calls
attention to the idea of *admiratio*, or wonderment, which is linked to
response to acts of revenge. The wonderment at the duke's punishment of
Federico and Casandra is tinged with excitement and fear. Those who are
subject to honor and eager to preserve their reputation are, correspondingly,
subject to surveillance. For Golden, the duke's flaw—and a flaw in the
system on which he relies—is the equation of honor with selfhood, with the
total person. He will go to inordinate lengths to protect his honor and to
reestablish his authority, in essence, his sense of self. Ironically, and
tragically, he has been his harshest observer, but he, along with the members
of Lope's audience, feel the presence of people and institutions, such as the
Church and the State, that watch over and judge them.

Carreño, Antonio. "La 'sin venganza' como violencia: *El castigo sin venganza*
    de Lope de Vega." *Hispanic Review* 59.4 (1991): 379-400.

Antonio Carreño has published a number of essays on *El castigo sin venganza*.
In this article, he provides a methodical analysis of the structure of the play
by looking at variations on the theme of doubling: symmetries and parallel
elements in opposition, ambiguities and correlations, public and private
domains, the lexicon of courtly love and lustful pleasure, and repeated
patterns of imagery. For Carreño, the Duke of Ferrara's tragic flaw is
political and ontological—stemming from imprudence and figurative
blindness—as well as moral. The reading shifts the hierarchical order used
by other critics by placing the duke, Federico, and Casandra on the same

plane, or on intersecting and interdependent planes, the better to assess cause and effect. The adulterous affair destabilizes the matrimonial union and the parental ties. The individual case has symbolic—metonymical—strength. When the purportedly reformed duke returns from Rome, the positions have been reversed and the patriarchal order broken. The sinner has become the sinned against. The profligate father and the obedient son change places, but the past cannot be elided. The women in the life of the duke have been prostitutes and married women. Casandra transfers his desire, or lack thereof, into a new space, and she rebels against objectification and disrespect. Although she does not have control, she can disrupt the sovereignty, familial and governmental, of her husband, and an emerging feminine subjectivity imposes itself on the conventions of honor and inflects the already thorny separation of punishment and vengeance.

González Echevarría, Roberto. "Poetry and Painting in Lope's *El castigo sin venganza.*" *Celestina's Brood: Continuities of the Baroque in Spanish and Latin American Studies.* Durham: Duke University Press, 1993. 66-80.

Roberto González Echevarría places his analysis of *El castigo sin venganza* within two frames: Lope de Vega's response to the success of younger playwrights, notably Tirso de Molina and Pedro Calderón de la Barca, who had begun to occupy center stage, as it were, in Spanish dramaturgy. For González Echevarría, these practitioners of the *comedia nueva* had dramatized the incompatibility of the two elements that had shaped Lope's theater: love and honor. In Lope's plays, these forces lead to conflict and to resolution. In *El burlador de Sevilla,* Tirso has Don Juan Tenorio mock the idealized love of the Petrarchan tradition and the honor associated with Spanish nobility. Calderón provides the most extreme examples, with honor as a substitute for religion as well as for the bonds of love. Lope is compelled to face a paradoxical anxiety of influence, and *El castigo sin venganza,* one of the last plays, becomes a vehicle of self-assertion, with incest as a comprehensive symbol of rivalry (between father and son, playwright and successors, love and honor). Lope puts language on stage and on trial by appealing to images and, specifically, to painting. Mirrors and reflections pervade the play, as the verbal moves to the visual and the play to pictorial art, to a baroque vision in the double sense. The dazzling display of geometrical patterns reveals Lope's appropriation of Calderón's worldview. The form and the content of *El castigo sin venganza* place Lope on both ends of the artistic and critical spectrum, a father who confronts his figurative (and figural) progeny.

Dixon, Victor, and Isabel Torres. "*La madrastra enamorada:* ¿Una tragedia de
    Séneca refundida por Lope de Vega?" *Revista Canadiense de Estudios
    Hispánicos* 19.1 (1994): 39-60.

Victor Dixon and Isabel Torres, familiar with the tradition that includes
tragedies about the ill-fated love of Phaedra and Hippolytus, feel that it is
the work of Seneca that most influences Lope de Vega in the composition
of *El castigo sin venganza*. Examining the characterization of Phaedra,
Hippolytus, and Theseus in the versions of Euripides (*Hippolytus*) and Seneca
(alternately titled *Phaedra* and *Hippolytus*), Dixon and Torres see a closer
affinity between Seneca and Lope. The comparisons are informative and
interesting in themselves, but perhaps what is most useful in this essay is the
discussion of how Lope, referring to the classical play and its pagan context,
can refine the achievement of his predecessors and can take advantage of
the dialectics of past and present. Dixon and Torres see *El castigo sin venganza*
as superior to its sources. Lope incorporates the force of destiny without
having the protagonists resign themselves to blind fate. Their blindness is,
in effect, and to good effect, self-inflicted and thereby more psychologically
(and theologically) intense.

Stroud, Matthew D. "Rivalry and Violence in Lope's *El castigo sin venganza*."
    The Golden Age Comedia: Text, Theory, and Performance. Ed. Charles Ganelin
    and Howard Mancing. West Lafayette: Purdue University Press, 1994.
    37-47.

Matthew Stroud bases his study of *El castigo sin venganza* on a theoretical
model formulated by René Girard in *Violence and the Sacred* (1977) and
applied to early modern Spanish literature by Cesáreo Bandera. One of
Girard's premises is that sexuality is a permanent agent of disorder in even
the most harmonious communities and that it leads to violence and death.
For Girard, the object of desire carries ironic weight: the subject desires the
object because the rival desires it. While Bandera focuses primarily on *Don
Quijote* and *La vida es sueño*, the love triangle of Lope's play would seem to
lend itself to analysis centered on the dynamics of sexual attraction and
rivalry. Girard differentiates between constructive and destructive violence,
but the benefits of violence are obviously offset, or certainly rendered

paradoxical, by those who are sacrificed in the process. In *El castigo sin venganza*, the Duke of Ferrara rationalizes the murders as good (at the service of justice, earthly and divine) rather than bad (at the service of revenge on the personal level), and this reflects Girard's emphasis on the tendency toward renaming, through a transformation of the sacred into socially acceptable violence. In the same vein, the duke fabricates a plot and then condemns the rigidity of the honor code. Because *El castigo sin venganza* is not an Aristotelian tragedy, Stroud notes that one has to consider the particular representation of the protagonist and the categories of good and evil. Girard underlines the extremes of drama over the nature of the conflict itself. Stroud recognizes that Lope's play is more nuanced in this area and that the middle ground is well worth investigating.

Sears, Theresa Ann. "Like Father, Like Son: The Paternal Perverse in Lope's *El castigo sin venganza.*" *Bulletin of Hispanic Studies* 73.2 (1996): 129-42.

In her commentary on the father figure in *El castigo sin venganza*, Theresa Ann Sears enters into dialogue with many of her critical predecessors. She initiates her major thesis by quoting a statement that dramatic conflict habitually results from the tensions between an individual and society, that is, from the impact of external rules and demands on the protagonist. For Sears, this is exactly what does *not* occur in *El castigo sin venganza*. Instead, the Duke of Ferrara, in fits of egotism, internalizes everything that has to do with paternity, marriage, and leadership. His perspective is limited—limited to himself—and his claim to want to protect those around him is empty. There is, in short, isolation and insularity when there should be a healthy and reasonable balance; an example would be the absence of maternity and hence of a legitimate heir. The result of the dramatic action is, according to Sears, neither revenge nor justice nor honor, but singularity. Through the deaths of Federico and Casandra, the duke eliminates his bloodlines and keeps the private and the public strains to himself; standing alone and unchallenged, he "absorbs" family and Ferrara. His supremacy is undone by his erasure of a future, or, if there should be a future, it will be constantly and negatively inflected by the past.

Ter Horst, Robert. "'Error pintado': The Œdipal Emblematics of Lope de Vega's *El castigo sin venganza.*" *"Never-ending Adventure": Studies in Medieval and Early Modern Spanish Literature in Honor of Peter N. Dunn.* Ed. Edward

H. Friedman and Harlan Sturm. Newark, DE: Juan de la Cuesta, 2002. 279-308.

At the center of Robert ter Horst's study of *El castigo sin venganza* is the question of rules and its corollary, adhering to or breaking them. This is a matter that Lope treats in his *Arte nuevo* and, from numerous vantage points, in the play. Lope the writer and the man who evaluates his own life joins the characters in crisis, characters placed against rules of conduct that are public and private, secular and spiritual, iron-clad and potentially flexible. Ter Horst cites the correlation of *gusto* and *justo* as the signature rhyme of *El castigo sin venganza*, given that it captures the oppositional thrust of the play and the thematic aspects of duty versus pleasure, respect versus individual needs, freedom versus restriction, theater as diversion versus theater as a doctrinal tool. The play includes references to the Duke of Ferrara's youthful adventures, his *mocedades*, and the sexual appetite that continues into middle age. The duke's profligacy has required him to become skillful at metatheater, and his theatrical sensibility and his pursuit of women mirror the biography of the playwright. In his reading of the underlying patterns of *El castigo sin venganza* and of the psyches of the protagonists, Ter Horst alludes to mythology and to the transference of myth into pictorial art. His ultimate subject is Lope himself, whose representation of characters who seek self-satisfaction but who cannot avoid subservience to regulations and to higher powers, has a mirror effect. In the play, love is triumphant in a pyrrhic way, but death seems to win out. Taking stock, Lope cannot rationalize a victory over tradition or over his dark side, but he can construct a glorious defeat.

Petro, Antonia. "El chivo expiatorio sustituorio: *El castigo sin venganza*." *Bulletin of the Comediantes* 55.1 (2003): 23-46.

Taking her lead from such scholars as Walter Burkert, René Girard, and Jonathan Z. Smith, Antonia Petro studies the interrelation of violence and religious ritual with respect to *El castigo sin venganza*. Petro finds in Lope de Vega's play a combination of an individual recuperation of honor and a sacrifice aimed at the social and spiritual redemption of a community at large, whereby vengeance is converted into—or validated as—justice. The chain of events produces a growing level of culpability that can only be excused through recourse to divine laws that would redefine murder as necessary for the greater good. Through the Duke of Ferrara, Lope exaggerates the aspect of rationalization, and the conventions of honor and theological doctrine, both open to interpretation, give him a basis for his punishment of sinners. Petro uses commentary by and on Girard to introduce a discussion of the collision of imitation (mimesis) and rivalry between the duke and Federico. In Petro's opinion, the ambiguities that mark the duke's defense of his remedy lead to a final irony: order cannot fully be restored in Ferrara without another sacrificial victim, who must be the duke himself.

De Armas, Frederick A. "From Mantua to Madrid: The License of Desire in Giulio Romano, Correggio, and Lope de Vega's *El castigo sin venganza.*" *Bulletin of the Comediantes* 59.2 (2007): 233-65.

Frederick A. de Armas's aim is to historicize *El castigo sin venganza*, a play often labeled a tragedy and a play seeped in history, literary precedent, and the development of art. It is, as well, a play whose original time on the boards was only one day. De Armas uses the historical record, in Italy and in Spain, and its links to pictorial art and architecture to help explain the controversies and the mysteries surrounding Lope's play. He seeks to establish and analyze interrelations among the historical setting of the play, its most impressive images and mythological allusions, and the backdrop of the plastic arts. Lope engages two historical moments, together with the Ferrara of 1425 of Matteo Bandello's novella. The first is around 1530, a period of supreme artistic achievement and the beginning of Spanish influence in Mantua, whose ruling family was the Gonzagas. The second is a century later, when Mantua is lost to Spain and when the play was written. Lope situates the play in Ferrara but evokes Mantua, and de Armas offers a bravura demonstration of historical and cultural interconnections and hidden meanings. On one level, *El castigo sin venganza* contains strata of history in artistic form, and, on another, de Armas draws on poetry to encapsulate and recast history and the wide-ranging intertext of literature and art. He envisions a playwright who praises and vies with the Italian masters and with the classical sources that they evoke. Lope refashions poetics to articulate, as it were, a modified language. De Armas configures his analysis of Lope's discourse to encompass politics, as well, through a method—or, likely, a critique—that depends on allusiveness rather than on allegory, and that extends to the freedom of literary creation itself.

Friedman, Edward H. "*El castigo sin venganza* and the Ironies of Rhetoric." *A Companion to Lope de Vega.* Ed. Alexander Samson and Jonathan Thacker. London: Tamesis, 2008. 215-25.

The essay opens with a consideration of approaches to irony and to the question of tragedy in *El castigo sin venganza* in previous scholarship. A principal irony of Lope de Vega's design of the play is the mixture of tragic realism with metatheater, with self-referential commentary on the art of writing, on the world as stage, and on the invention of counteracting plots by the principal characters. Classical tragedy provides a deep structure for the play, but in the dramas of antiquity there is no room for free will; the protagonists, powerful as they may be, become pawns of fate. The Duke of Ferrara mentions God, divine retribution, and the individual agency of Federico and Casandra, all of which bring the play into a new order, but one that is still subject to controlling authorities. *El castigo sin venganza* is an ironic rewriting of a formula already dependent on irony. The implicit poetics of the play deprives tragedy of catharsis and problematizes empathy, giving space to theatrical self-consciousness, the honor code, and Christian theology. Lope extends his dialogue with tradition in a play that continually points outward while creating a verbal and dramatic construct of enormous depth.

Atienza, Belén. "El loco en el espejo: Locura, pecado y gongorismo en *El castigo sin venganza*." *El loco en el espejo: Locura y melancolía en la España de Lope de Vega.* Amsterdam and New York: Rodopi, 2009. 217-31.

Belén Atienza analyzes the motifs of power and license in her consideration of the duke, and she foregrounds Federico as the protagonist of the tragedy, a man who loses his judgment, his soul, and his life. She suggests that the self-reflection of Federico makes him a stand-in for the author himself, who becomes conspicuously reflexive as he reaches old age. The character and the playwright are bound by the specter of prohibited love and self-destructive obsessions. Atienza signals in the play resonances of the elderly Lope's preoccupation with living well and dying well. For her, Lope unites madness, language, and morality throughout the text, as in the opening scene, in which the duke, compulsively seeking female companionship prior to his marriage, comments on the state of poetry. Atienza's book builds up to the treatment of madness and melancholy in *El castigo sin venganza*, written a few years before Lope's death, by exploring the themes in earlier plays.

QUESTIONS OF LANGUAGE AND GRAMMAR

The following points are intended to facilitate the reading of *El castigo sin venganza* and early modern Spanish texts in general:

1. It is common in the literary language of the Golden Age to combine two consonants into one, as in the case of *secta/seta, concepto/conceto, doctor(a)/dotor(a), efecto/efeto, perfecto/perfeto, precepto/preceto, victoria/vitoria, victorioso/vitorioso,* among others. Authors will vary in the use of the two forms, so that both may be found in a given text.

2. The preposition *de* is often joined to a pronoun or adjective, as in the case of *destos, della, dellos,* etc.

3. Up to the twentieth century, it is common to see in literary Spanish the joining of an object pronoun to a conjugated verb. For example, what now would be *le mandó* could be rendered as "mandóle," *me heriste* as "herísteme," *la hallará* as "hallarála," *¿me lo negarás?* as "¿negarásmelo?," *¿le ha escrito?* as "¿hale escrito?," "me pesa" as *pésame,* and so forth.

4. In the Spanish of the Golden Age, language was less regularized or standardized than it is today. One will find certain forms that are now archaic: *agora* for *ahora, ansí* for *así, escurecer* for *oscurecer,* etc. Similarly, in older Spanish one may find usage that is different from current usage, as in the following examples: *una fantasma* instead of *un fantasma, cualquiera* instead of *cualquier* placed before a noun, *tercero día* instead of *tercer día, buen hora* instead of *buena hora.*

5. In texts of this period, one will often see *porque* with the subjunctive, equivalent to *para que* (in order that, so that). For example: "Señora, porque yo pueda / hablaros con el respeto / que vuestra persona muestra, / decidme quién sois" (vv. 363-66); "Sentaos, porque os reconozcan / con debido amor mis deudos / y mi casa ..." (vv. 858-60).

6. The pronoun *vos* (related to *vosotros,* the plural form of *tú*) can be used, especially in ceremonial discourse, in the singular or plural sense, roughly equivalent to the English forms *thou* and *ye. Vos* is used with a second-person plural verb: "yo el piloto, y vos mi estrella." Note that the command form for *vosotros,* which replaces the *r* of the infinitive with *d* (*hablar* to *hablad*), drops the *d* when adding the reflexive pronoun *os* (*quedarse* to *quedaos* [*quedad* + *os*]). An object pronoun can be attached

to the imperative form: *poned* + *os* + *lo* = *ponéoslo*. The adjectival form *vuestro, -a* may appear as *vueso, -a*, as in *vuesa merced*, your grace. In one exchange, Casandra addresses Federico in the following manner, with plural forms: "Decidme, señor, quién sois, / aunque ya vuestra presencia / lo generoso asegura / y lo valeroso muestra" (vv. 388-91).

7. There is a type of transposition frequently seen in works of the period, such as "Dejaldes" for *Dejadles* and "Matalde" for *Matadle*, both familiar plural commands with object pronouns. The transposition is known as metathesis (*metátesis*).

8. There are numerous cases in the text in which the imperfect subjunctive has the force of the conditional tense (and the pluperfect subjunctive of the conditional perfect). "... pudiera llamar" here could be translated as "I could [I would be able to] knock." Often, a sentence will have two verbs in the imperfect subjunctive, and one will stand in place of the conditional.

9. The imperfect subjunctive forms ending in *–ais* and *–eis* have an alternate form that appears through the seventeenth century. An example is *corriérades*, equivalent to *corrierais* ("que si no fuera tan cerca, / corriérades gran peligro").

10. In the Spanish of this period, one will find cases of the future subjunctive—*fueren, aprobaren*—to express forms now expressed by the present indicative or other forms of the subjunctive. This tense is no longer used in Spanish, but contemporary Portuguese maintains the future subjunctive.

11. The term *leísmo* refers to the use of the object pronoun *le* as a direct object, usually instead of *lo*. In early modern Spanish, the use of the object pronouns *le, lo*, and *la* varied. It was not uncommon, for example to see *le* as the direct object pronoun *it*, as in *partirle* (to divide it, referring to *el listón*, the ribbon). Similarly, *la* and *las* may be found as indirect object pronouns; this is called *laísmo*.

12. In the Spanish of this time, the *r* of the infinitive with an object pronoun often converts the letters to *ll*, as in the case of *sufrirlo* to *sufrillo* (v. 38), *favorecerlas* to *favorecellas* (v. 326), *concertarlos* to *concertallos* (v. 680), and *morderle* to *mordelle* (v. 941).

13. With parts of the body and articles of clothing, the possessive adjective is often replaced by the article, such as "me lavé las manos," I washed my hands.

14. One will hear in Spanish a construction such as "se me viene al

pensamiento" ("a thought came [presented itself] to me"). Note clauses such as "Tantas cosas se me ofrecen / juntas ..." and "se le olvidó su nombre."

15. The diaeresis (*la diéresis*), the two dots placed over a vowel, indicate that the vowel, rather than forming part of a diphthong, forms a separate syllable. The poet thus has a bit of license in terms of the syllable count. See, for example, "siempre el más crüel linaje" (v. 42). In this case, a seven-syllable line becomes an eight-syllable line.

16. Current Spanish changes the *y* (*and*) to *e* before a word beginning with *i* or *hi*, but earlier there is some inconsistency. See, for example, "y impertinente" and "y indecente."

The website of the Association for Hispanic Classical Theater has a number of useful aids for reading Golden Age literature, including texts and invaluable teaching and research tools.

VERSIFICATION

The most common verse forms in Spanish poetry have eight, eleven, and seven syllables per line. The eight-syllable line (*el verso octosílabo*, or *romance*) is a traditional Spanish form. The eleven- and seven-syllable lines (*endecasílabo* and *heptasílabo*, respectively) derive from Italian poetry. As the poets create poems, they are conscious of the need to adhere to rules of scansion, which determine the number of syllables. (This system contrasts with the division into *feet* in English poetry. For example, the iambic foot combines an unaccented and an accented syllable; a line of iambic pentameter has five iambic feet, as in the well-known verse of a Shakespearean sonnet, "Shall I compare thee to a summer's day?") One performs a syllable count (*cómputo silábico*) to determine the number of syllables per verse, or line of poetry. Here are some general rules regarding the syllable count:

1. Vowels are divided into two groups, strong (*a, e, o*) and weak (*i, u*). Each strong vowel by itself or in combination with another strong vowel counts as a separate syllable. The word *correo*, for example, counts as three syllables. Two weak vowels or a combination of one weak and one strong vowel form diphthongs and count as one syllable. (A written accent over a weak vowel converts that vowel into a separate syllable.) Thus, *ciudad* has two syllables,

dios has one, *inteligencia* has five, *paisaje* has three, *país* has two, and *melancolía* has five.

2. When performing the syllable count, one has to ignore the absolute number of syllables in order to respect the convention known as the *sinalefa*, or liaison, which requires that vowels at the end of a word and at the beginning of another be combined. In the verse "diré a todo el mundo no," the *-ré* and the *a* form one syllable, as do the *–do* and the *el*. The line "hasta escuchar la sentencia" would have a syllable count of eight. In performing the syllable count, punctuation is not taken into account; syllables can be combined even if a comma separates them, for example. A silent *h* is ignored, so that the "Yo he" in "Yo he de matar a quien vivir me cuesta" counts as one syllable, and the verse has eleven syllables. The letter *y* is a consonant except in the word *y* (and), where it is a vowel. "Viene y" would count as two syllables, and "a mí y a mis hijas" would count as five (with *mí y a* counting as one). In contrast, in the line "que yo saldré con vos; pues el Rey viene," there would be no *sinalefa* between *que* and *yo*.

3. Words in Spanish are accented on the next-to-last syllable *(palabras llanas)*, the last syllable *(palabras agudas)*, and the third-to-last syllable *(palabras esdrújulas)*: *hombre, mujer, excéntrico*. The last word in a given line will, then, be of one of these types, and the line is named accordingly: *verso llano, verso agudo, verso esdrújulo*. The rule for the syllable count is that one takes the last stressed syllable and adds one. In a *verso llano*, each of the last two syllables carries full weight $(1 + 1 = 2)$. In a *verso agudo*, in which the last syllable is stressed, one syllable is added $(1 [+1] = 2)$. In a *verso esdrújulo*, in which two syllables follow the last stressed syllable, one syllable is subtracted $(1 + 1 + 1 [-1] = 2)$. There are, in fact, no *versos esdrújulos* in *El castigo sin venganza*. See the following examples:

entre majuelos y viñas		= 8
mas ya que como señor	7 + 1	= 8
Madre, abrázame.	5 − 1	= 4

4. There are ways in which the writer can use poetic license to avoid the strict rigor of the syllable count, primarily by breaking up a diphthong into two syllables, by choosing not to employ the *sinalefa*, or by counting two strong vowels as a diphthong, for example. That is why the reader who

performs the syllable count may at times see a line of poetry with one extra syllable or one syllabus minus. The division of the vowels of a diphthong, termed diaeresis (*la dieresis*) and often indicated by two dots over a weak vowel, adds a syllable. *Cruel*, for example has one syllable; *crüel* counts as two syllables. For the syllable count, the verse "siempre el más crüel linaje" would have eight syllables.

The types of verses in *El castigo sin venganza* include the following:

Redondillas: stanzas of four verses of eight or fewer syllables (*de arte menor*) with a rhyme scheme of *abba*

> Y para dar luz alguna,
> las estrellas que dilata
> son pasamanos de plata,
> y una encomienda la luna.

Romance: following the ballad tradition, groups (*laisses*) of eight-syllable verses with assonantal rhyme (based on the final vowel sounds) in the even-numbered verses

> . . . .
> A sacarte por lo menos
> de tanta enfadosa arena, (*e-a*)
> como la falta del río
> en estas orillas deja.
> Pienso que fue treta suya,
> por tener ninfas tan bellas,
> volverse el coche al salir;
> que si no fuera tan cerca,
> corriérades gran peligro.
> . . . .

Décimas: ten octosyllabic verses that commonly feature consonantal rhyme (based on the final vowels and consonants) in verses 1, 4, and 5; 2 and 3; 6, 7, and 10; and 8 and 9

> Dicha ha sido haber errado
> el camino que seguí,
> pues más presto os conocí
> por yerro tan acertado.
> Cual suele en el mar airado
> la tempestad, despúes della
> ver aquella lumbre bella,
> así fue mi error la noche,
> mar el río, nave el coche,
> yo el piloto, y vos mi estrella.

Quintillas: five verses, of *arte menor,* with more than one consonantal rhyme; those of octosyllabic verse are coplas reales

> Entre agravios y venganzas
> anda solícito amor,
> después de tantas mudanzas,
> sembrando contra mi honor
> mal nacidas esperanzas.

Tercetos: groups of three verses of more than eight syllables (*de arte mayor*), most often eleven syllables, or hendecasyllabic verses (*versos endecasílabos*), with the consonantal rhyme ABA, BCB, CDC, DED, ... ("chained together," or *encadenados*), based on the Italian *terza rima*

> . . . .
> Señor, fuera notable desvarío
> entristecerme a mí tu casamiento,
> ni de tu amor por eso desconfío.
> Advierta pues tu claro entendimiento
> Que si del casamiento me pesara,
> Disimular supiera el descontento.
> . . . .

Octavas reales: stanzas of eight verses of eleven syllables with consonantal rhyme, patterned ABABABCC

> "Señor, mirad por vuestra casa atento;
> que el conde y la duquesa en vuestra ausencia ..."
> No me ha sido traidor el pensamiento.
> Habrán regido mal, tendré paciencia.
> "... ofenden con infame atrevimiento
> vuestra cama y honor." ¿Qué resistencia
> harán a tal desdicha mis enojos?
> "Si sois discreto, os lo dirán los ojos."

Soneto: fourteen eleven-syllable verses divided into two stanzas of four verses (quatrains, *cuartetos*) and two stanzas of three verses (tercets, *tercetos*), with a rhyme scheme that can vary, but is often *abba, abba, cdc, dcd* or *abba, abba, cde, cde*

> ¿Qué buscas, imposible pensamiento?
> Bárbaro, ¿qué me quieres? ¿Qué me incitas?
> ¿Por qué la vida sin razón me quitas,
> donde volando aun no te quiere el viento?
>   Detén el vagaroso movimiento;
> que la muerte de entrambos solicitas.
> Déjame descansar, y no permitas
> tan triste fin a tan glorioso intento.
>   No hay pensamiento, si rindió despojos,
> que sin determinado fin se aumente,
> pues dándole esperanzas, sufre enojos.
>   Todo es posible a quien amando intente,
> y sólo tú naciste de mis ojos,
> para ser imposible eternamente.

Silva: a grouping of eleven- and seven-syllable lines (hendecasyllables and heptasyllables, *endecasílabos* and *heptasílabos*), the majority of which are rhymed, often without fixed order or number of verses; variations include the *madrigal*

> de mí mismo quisiera retirarme;
> que me cansa el hablarme,
> del casamiento de mi padre, cuando
> pensé heredarle, que si voy mostrando
> a nuestra gente gusto, como es justo,
> el alma llena de mortal disgusto,
> camino a Mantua, de sentido ajeno,
> que voy por mi veneno
> en ir por mi madrastra, aunque es forzoso
> . . . .

Pareado, o dístico: combinations of two verses with rhyme (assonantal or consonantal), such as *endécasílabos pareados*

> "Paula de San Germán, doncella honrada..."
> Pues si es honrada, no le falta nada,
> si no quiere que yo le dé marido.
> Éste viene cerrado, y mal vestido,
> un hombre me lo dio, todo turbado,
> que quise detenerle con cuidado.

Madrigal: short lyrical compositions, often dealing with love and often sung, that combine hendecasyllable and heptasyllable verses with consonantal rhyme

> Déjame, pensamiento.
> No más, no más, memoria,
> que mi pasada gloria
> conviertes en tormento,
> y deste sentimiento
> ya no quiero memoria, sino olvido;
> que son de un bien perdido,
> aunque presumes que mi mal mejoras,
> discursos tristes para alegres horas.

Lira: typically, stanzas of five syllables of three heptasyllabic verses and two hendecasyllabic verses, arranged 7, 11, 7, 7, 11 and with a consonantal rhyme scheme aBabB; here, the *liras* have six verses in the schemes 11, 7, 11, 11, 7, 11 / AbBAcC and 7, 11, 7, 11, 7, 11 / aBaBcC

> Desde la muerte de mi padre amado,
> tiene mi hacienda aumento;
> no hay en Italia agora casamiento
> más igual a sus prendas y a su estado;
> que yo, entre muchos grandes,
> ni miro a España, ni me aplico a Flandes.

Synopsis of Versification in *El castigo sin venganza*

The predominant forms in *El castigo sin venganza* are *romance* and *redondilla*, which comprise almost 70% of the verses. The synopsis below refers to the poetic forms.

VERSE NUMBERS	VERSE FORM
ACT I	
1-196	*redondillas*
197-205	*madrigal*
206-233	*redondillas*
234-339	*silva*
340-467	*romance (e-a)*
468-527	*décimas*
528-651	*romance (e-a)*
652-699	*redondillas*
700-735	*liras de seis versos*
736-759	*redondillas*
760-993	*romance (a-o)*
ACT II	
994-1113	*décimas*
1114-1195	*tercetos*
1196-1295	*redondillas*
1296-1531	*romance (a-o)*

1532-1591	*décimas*
1592-1623	*redondillas*
1624-1653	*décimas*
1654-1681	*redondillas*
1682-1708	*silva*
1709-1796	*romance (o-a)*
1797-1810	*soneto*
1811-2030	*quintillas*

ACT III

2031-2160	*romance (i-e)*
2161-2288	*redondillas*
2289-2340	*tercetos*
2341-2466	*romance (e-a)*
2467-2483	*endecasílabos pareados* (v. 2473 sin rima)
2484-2491	*octava real*
2492-2551	*décimas*
2552-2611	*romance (a-e)*
2612-2635	*liras de seis versos*
2636-2823	*redondillas*
2824-3021	*romance (a-a)*

The Edition

In preparing this edition, I have consulted the autograph manuscript and worked with the 1635 manuscript, along with the more recent editions cited in the bibliography. I have tried to devise a correct and uniform pattern of punctuation and capitalization. I hope that the glosses, notes, and dictionary will aid students in the reading and comprehension of the play.

EL
CASTIGO
SIN VENGANZA,
TRAGEDIA.

Perſonas que hablan en ella.

Duque de Ferrara.	Conde Federico.
Marques Goncaga.	Batin graciõſo.
Caſandra dama.	Aurora dama.
Lucrecia dama.	Cintia.
Lazindo.	Rutilio.
Albano.	Febo.
Y Floro criados.	Y Ricardo criados.

DE FREY LOPE DE VEGA CARPIO.

El castigo sin venganza

EL DUQUE DE FERRARA
FEBO, criado del duque
RICARDO, criado del duque
CINTIA, una señora
EL CONDE FEDERICO, hijo
   ilegítimo del duque
BATÍN, lacayo del conde
FLORO, criado

LUCINDO, criado
ALBANO, criado
CASANDRA, Duquesa de Ferrara
LUCRECIA, criada de Casandra
EL MARQUÉS GONZAGA
RUTILIO, criado
AURORA, sobrina del duque
[VOZ DE MUJER]

Acto primero

EL DUQUE DE FERRARA, de noche;
FEBO y RICARDO, criados

RICARDO	¡Linda burla!°	trick
FEBO	Por extremo,	
	pero ¿quién imaginara°	could imagine
	que era el Duque de Ferrara?	
DUQUE	Que no me conozcan temo.[1]	

---

[1] "I'm afraid that they will recognize me." This is an example of the figure of pleonasm (**pleonasmo**), where there is a certain redundancy of expression; here, the **no** loses its negative force.

5 RICARDO	'Debajo de ser disfraz,°	When one is in disguise
	hay licencia para todo,	
	que aun el cielo en algún modo	
	es de disfraces capaz.	
	¿Qué piensas tú que es el velo	
10	con que la noche le tapa?°	covers
	Una guarnecida° capa	decorated
	con que se disfraza el cielo.	
	Y para dar luz alguna,	
	las estrellas que dilata°	displays
15	son pasamanos° de plata,	decorations
	y una encomienda° la luna.	military insignia
DUQUE	¿Ya comienzas desatinos?°	foolish remarks
FEBO	No, lo ha pensado poeta	
	destos de la nueva seta,°	sect
20	que 'se imaginan° divinos.[2]	consider themselves
RICARDO	Si a sus licencias apelo,	
	no me darás culpa alguna;	
	que yo sé quien a la luna	
	llamó requesón° del cielo.	cottage cheese
25 DUQUE	Pues no te parezca error;	
	que la poesía ha llegado	
	a tan miserable estado,	
	que es ya como jugador	
	de aquellos transformadores,°	prestidigitators

---

[2] Following Ricardo's examples of the figure of metaphor (**la metáfora**), built around the power of disguise and its analogue with elements of nature, Lope has his characters criticize the baroque excesses of poets of the time, especially their exaggerated use of metaphor. The duke claims that the representatives of this "sect" are magicians who play with words, rather than true artists. The prime target here might be Luis de Góngora (1561-1627), whose works include the *Fábula de Polifemo y Galatea, Soledades,* and a good number of sonnets on a variety of themes. The particular baroque style is called **culteranismo** or, significantly, **gongorismo**.

30		muchas manos,° ciencia poca,	sleights of hand
		que echan cintas° por la boca,	ribbons
		de diferentes colores.[3]	
		Pero, dejando a otro fin	
		esta materia cansada,°	tiresome
35		no es mala aquella casada.°	married lady
	RICARDO	¿Cómo mala? Un serafín.°	angelic beauty
		Pero tiene un bravo azar,°	inconvenience
		que es imposible sufrillo.°	to surmount
	DUQUE	¿Cómo?	
	RICARDO	Un cierto maridillo°	cuckolded husband
40		que toma y no da lugar.[4]	
	FEBO	Guarda° la cara.	hide
	DUQUE	Ése ha sido	
		siempre el más crüel linaje°	condition
		de gente deste paraje.°	place
	FEBO	El que la gala,° el vestido	finery
45		y el oro deja traer	
		tenga, pues él no lo ha dado,	
		lástima al que lo ha comprado;	
		pues si muere su mujer,[5]	
		ha de gozar la mitad[6]	
50		como 'bienes gananciales.°	community property
	RICARDO	Cierto que personas tales	
		poca tienen caridad,	

---

[3] The duke critiques the state of poetic competition, in which poetic flourishes seem to have replaced the beauty of writing and depth of feeling. Poets are more like magicians than true artists.

[4] **Que toma...** *who doesn't want to share her*

[5] Febo jokes that when a lover gives his mistress extravagant gifts, the husband will inherit them if the lady should die, and the "benefactor" will be left with nothing.

[6] **Ha de...** *he gets a good half of community property*

		hablando cultidiablesco,[7]	
		por no juntar las dicciones.	
55	DUQUE	Tienen esos socarrones°	devious types
		con el diablo parentesco,	
		que, obligando a consentir,	
		después estorba° el obrar.[8]	blocks
	RICARDO	Aquí 'pudiera llamar,°	I could knock
60		pero hay mucho que decir.	
	DUQUE	¿Cómo?	
	RICARDO	Una madre beata°	devout
		que reza y 'riñe a° dos niñas	argues with
		entre majuelos° y viñas,°	freshly planted vines,
		una perla y otra plata.[9]	vineyards
65	DUQUE	Nunca de exteriores fío.	
	RICARDO	No lejos vive una dama,	
		como azúcar de retama,[10]	
		dulce y morena.	
	DUQUE	'¿Qué brío?°	What about her drive?
	RICARDO	El que pide la color;[11]	

---

[7] Lope invents a new word, or neologism, in *cultidiablesco*, which links the new ornate and cultured (**culteranista**) style to the diabolical. Note that he separates, through hyperbaton (**el hipérbaton**, an inversion of the natural word order), **poca** and **caridad**.

[8] The duke denounces the permissive husbands, comparing them to the devil, who tempts men and then makes difficult the path to fulfilling their goals. The duke is showing his inverted value system, since he is blaming the husband rather than the transgressors. His comments are laced with irony.

[9] Ricardo is alluding to a go-between (**alcahueta**), frequently portrayed as a religious hypocrite, and two of her young charges, which he compares to vineyards at different stages of development.

[10] **Retama** refers to a type of shrub that has sweet-smelling flowers. The lady in question is compared to the plant—**azúcar de retama**—because of her sweet, and presumably giving, disposition.

[11] **Color** here is a reference to the dark hair or dark skin of the woman; **morenas** were seen as more passionate than their light-haired or light-skinned counterparts. In the Spanish of the period, certain

70   mas el que con ella habita

     es de cualquiera° visita   any

     cabizbajo° rumiador.°[12]   downcast, ruminator

FEBO   Rumiar° siempre fue de bueyes.° chewing the cud, oxen

RICARDO Cerca habita una mujer,

75   que diera buen parecer

     si hubiera estudiado leyes.[13]

DUQUE   Vamos allá.

RICARDO   No querrá

     abrir a estas horas.

DUQUE   ¿No?

     ¿Y si digo quién soy yo?

80 RICARDO Si lo dices, claro está.

DUQUE   Llama pues.

RICARDO   Algo esperaba,

     que a dos patadas° salió.   kicks

CINTIA en alto

CINTIA   ¿Quién es?

RICARDO   Yo soy.

CINTIA   ¿Quién es yo?

RICARDO Amigos, Cintia. Abre, acaba,

85   que viene el duque conmigo.

     Tanto mi alabanza° pudo.   praise

---

words, such as the current **el color**, are used with masculine and feminine articles, and the selection often is inconsistent.

[12] The lady's husband seems to ignore the visitors that his wife receives. The idea here is that Febo turns the image of the bull into that of an ox; **buey** can refer to a cuckolded husband.

[13] **Parecer**, in the context of the woman to whom Ricardo alludes, is used in the double sense of offering valuable opinions (after having studied law) and being good-looking. Note the use of two verbs in the subjunctive. **Diera buen parecer** could be translated *she would give [make] a good appearance.*

CINTIA   ¿El duque?

RICARDO   ¿Eso dudas?

CINTIA   Dudo,
                no digo el venir contigo,
                mas el visitarme a mí
90   tan gran señor y a tal hora.

RICARDO   Por hacerte gran señora
                viene disfrazado ansí.

CINTIA   Ricardo, si el mes pasado
                lo que agora me dijeras
95   del duque, me persuadieras
                que a mis puertas ha llegado,
                    pues toda su mocedad°   youth
                ha vivido indignamente,
                fábula siendo a la gente
100   su viciosa libertad.°   licentiousness
                    Y como no se ha casado
                por vivir más a su gusto,
                sin mirar que fuera injusto
                ser de un bastardo heredado,°   heir
105   aunque es mozo de valor
                Federico, yo creyera
                que el duque a verme viniera.
                Mas ya que como señor
                    se ha venido a recoger,
110   y de casar concertado,°   arranged
                su hijo a Mantua ha envïado
                por Casandra, su mujer,
                    no es posible que ande haciendo
                locuras de noche ya,
115   cuando esperándola está
                y su entrada previniendo;°   anticipating
                    que si en Federico fuera
                libertad,° ¿qué fuera en él?   indiscretion
                Y si tú fueras fiel,

120		aunque él ocasión° te diera,	opportunity
		no anduvieras atrevido	
		deslustrando° su valor;	tarnishing
		que ya el duque, tu señor,	
		está acostado y dormido	
125		y así cierro la ventana;	
		que ya sé que fue invención	
		para hallar conversación.	
		Adiós, y vuelve mañana.[14]	
	DUQUE	¡A buena casa de gusto°	pleasure
		me has traído!	
130	RICARDO	Yo, señor,	
		¿qué culpa tengo?	
	DUQUE	Fue error	
		fiarle tanto disgusto.[15]	
	FEBO	Para la noche que viene,	
		si quieres, yo romperé	
		la puerta.	
135	DUQUE	¡Que esto escuche!	
	FEBO	Ricardo la culpa tiene.	
		Pero, señor, quien gobierna,	
		si quiere saber su estado,	
		cómo es temido o amado,	
140		deje la lisonja° tierna°	praise, tender
		del crïado adulador,°	fawning

---

[14] Lope uses Cintia's speech to present a good portion of the exposition, with references to the duke's less-than-exemplary past, Federico's circumstances, the upcoming marriage of the duke to Casandra, and the fact that the duke has sent his son to accompany the bride to Ferrara. Cintia rejects the idea that the duke could be visiting her, given the circumstances of his upcoming marriage.

[15] The duke seems to be complaining of having trusted Ricardo to carry out the plan of finding a woman, but the object of his complaint is not perfectly clear. The following speech by the duke adds his opinion and new details.

		y disfrazado de noche,	
		en traje humilde, o en coche,	
		salga a saber su valor;	
145		que algunos emperadores	
		se valieron deste engaño.°	deception
	DUQUE	Quien escucha, oye su daño,°[16]	harm
		y fueron, aunque los dores,°	you gloss over
		filósofos majaderos,°	foolish
150		porque el vulgo° no es censor	common people
		de la verdad, y es error	
		de entendimientos groseros	
		fiar la buena opinión	
		de quien, inconstante y vario,	
155		todo lo juzga al contrario	
		de la ley de la razón.[17]	
		Un quejoso,° un descontento	complainer
		echa, por vengar su ira,	
		en el vulgo una mentira,	
160		a la novedad atento;	
		y como por su bajeza	
		no la puede averiguar,	
		ni en los palacios entrar,	
		murmura de la grandeza.	

---

[16] The duke notes that the eavesdropper may not like what he hears, especially when there are negative remarks about him. The comment makes especially ironic what the duke overhears when he listens to a private conversation between his son and his wife in Act 3.

[17] The duke maligns those who gossip and those who accept the words of gossipers who, when they have no access to information, invent stories to satisfy their listeners. He recognizes, however, that he erred greatly up to this point, but, with the impending marriage to Casandra, he vows to put that part of his life behind him. It must be noted, nevertheless, that he is still carousing. The word **comedia** is used to signify a play or a comedy, and Comedia refers to the corpus of plays, the **comedia nueva**, that follow Lope's formula for dramatic composition, as presented in his treatise *El arte nuevo de hacer comedias en este tiempo*.

165		Yo confieso que he vivido	
		libremente y sin casarme,	
		por no querer sujetarme,	
		y que también parte ha sido	
		pensar que me heredaría	
170		Federico, aunque bastardo;	
		mas ya que a Casandra aguardo,	
		que Mantua con él me envía,	
		todo lo pondré en olvido.	
	FEBO	Será remedio casarte.	
175	RICARDO	Si quieres desenfadarte,°	to amuse yourself
		pon a esta puerta el oído.	
	DUQUE	¿Cantan?	
	RICARDO	¿No lo ves?	
	DUQUE	¿Pues, quién	
		vive aquí?	
	RICARDO	Vive un 'autor	
		de comedias.°	theater company manager
	FEBO	Y el mejor	
		de Italia.	
180	DUQUE	Ellos cantan bien.	
		'¿Tiénelas buenas?°	Are his plays good?
	RICARDO	Están	
		entre amigos y enemigos:	
		buenas las hacen amigos	
		con los aplausos que dan,	
185		y los enemigos malas.[18]	
	FEBO	No pueden ser buenas todas.	

---

[18] Lope, through Ricardo, makes the point that the playwright cannot please everyone, and, through Febo, that a given author's production cannot be consistently outstanding. The comment is interesting, since Lope is one of the world's most prolific dramatists. A large proportion of his works has been deemed by scholars and critics to be of the highest quality.

DUQUE	Febo, para nuestras bodas
	prevén las mejores salas
	y las comedias mejores,
190	que no quiero 'que repares
	en° las que fueren vulgares.
FEBO	Las que ingenios y señores
	aprobaren, llevaremos.
DUQUE	¿Ensayan?°
RICARDO	Y habla una dama.
195 DUQUE	Si es Andrelina,[19] es de fama.
	¡Qué acción!° ¡Qué afectos! ¡Qué
	extremos!

you to consider

Are they rehearsing?

acting

Se oye la voz de una MUJER.[20]

VOZ	Déjame, pensamiento.
	No más, no más, memoria,
	que mi pasada gloria
200	conviertes en tormento,
	y deste sentimiento
	ya no quiero memoria, sino olvido;
	que son de un bien perdido,
	aunque presumes que mi mal mejoras,
205	discursos tristes para alegres horas.
DUQUE	¡Valiente acción!
FEBO	¡Extremada!
DUQUE	'Más oyera,° pero estoy
	sin gusto. 'Acostarme voy.°
RICARDO	¿A las diez?
DUQUE	Todo me enfada.

I'd stay to hear more

voy a acostarme

---

[19] This is likely a reference to the noted Italian actress Isabella Andreini, born the same year as Lope.

[20] Here, the actress, possibly Andrelina, is heard practicing her role for a dramatic performance.

210 RICARDO	Mira que es esta mujer	
	única.	
DUQUE	Temo que hable°	recite
	alguna cosa notable.²¹	
RICARDO	De ti, ¿cómo puede ser?	
DUQUE	Agora sabes, Ricardo,	
215	que es la comedia un espejo,²²	
	en que el necio,° el sabio, el viejo,	foolish person
	el mozo, el fuerte, el gallardo,°	valiant man
	el rey, el gobernador,	
	la doncella,° la casada,	maiden
220	siendo al ejemplo escuchada	
	de la vida y del honor,	
	retrata° nuestras costumbres,	portrays
	o livianas° o severas,	frivolous
	mezclando burlas y veras,	
225	donaires° y pesadumbres?°	wittiness, grief
	Basta, que oí del papel°	role
	de aquella 'primera dama°	reference to Cintia
	el estado de mi fama;	
	bien claro me hablaba en él.	
230	¿Que escuche me persüades	
	la segunda?° Pues no ignores	reference to Andrelina
	que no quieren los señores	
	oír tan claras verdades.	

Vanse. Salen FEDERICO, *de camino,*
muy galán, y BATÍN, *criado.*

---

²¹ **Notable** here means *noteworthy*, but in a negative sense.

²² The concept of art (and theater) as a mirror to nature originates in classical antiquity, including statements by Cicero and others, and frequently is alluded to in plays of the early modern stage, including those of Shakespeare, as in the instructions of Hamlet to the troupe of players in the third act of *Hamlet*.

BATÍN   Desconozco el estilo de tu gusto.

235   ¿Agora en cuatro sauces° te detienes,   willow trees

cuando a negocio, Federico, vienes

de tan grande importancia?[23]

FEDERICO   Mi disgusto

no me permite, como fuera justo,

más prisa y más cuidado;

240   antes la gente dejo, fatigado

de varios pensamientos,

y al dosel° destos árboles, que, atentos   canopy

a las dormidas ondas° deste río,   waves, ripples

en su puro cristal, sonoro y frío,

245   mirando están sus copas,°   treetops

después que los vistió de verdes ropas,

de mí mismo quisiera retirarme;

que me cansa el hablarme,

del casamiento de mi padre, cuando

250   pensé heredarle; que si voy mostrando

a nuestra gente gusto, como es justo,

el alma llena de mortal disgusto,

camino a Mantua, 'de sentido ajeno;°   in a contrary direction

que voy por mi veneno

255   en ir por mi madrastra, aunque es

forzoso.

BATÍN   Ya de tu padre el 'proceder vicioso,°   record of vices

de propios y de extraños reprendido,

quedó a los pies de la virtud vencido.

Ya quiere sosegarse,°   to calm down

260   que no hay freno,° señor, como casarse.   restraint

---

[23] Batín complains that Federico is making too many stops along the way, intimating that the count is not pleased by the task of picking up Casandra. Federico's words verify that Batín's assessment of the situation is correct.

Presentóle un vasallo
al rey francés un bárbaro° caballo   fierce, untamed
de notable hermosura,[24]
Cisne° en el nombre y por la nieve pura   Swan
265   de la piel que cubrían
las rizas° canas,° que los pies caían   curls, white
de la cumbre° del cuello, en levantando   top
la pequeña cabeza.
Finalmente le dio naturaleza,
270   que alguna dama estaba imaginando,
hermosura y desdén, porque su furia
tenía por injuria°   insult
sufrir al picador° más fuerte y diestro.°   trainer, skillful
Viendo tal hermosura y tal siniestro,
275   mandóle el rey echar en una cava°   ditch
a un soberbio° león que en ella estaba,   haughty
y en viéndole feroz, apenas viva
el alma sensitiva,
hizo que el cuerpo alrededor 'se entolde°   froze up
280   de las crines,° que ya crespas° sin   mane, hair
    molde,°   shape
si el miedo no lo era,
formaron como lanzas blanca esfera,[25]
y en espín° erizado°   porcupine, with
de orgulloso caballo transformado,   its hair on end
285   sudó° por cada pelo   it sweated
una gota de hielo,
y quedó tan pacífico y humilde,
que fue un enano° en sus arzones°   dwarf, saddle-bow

---

[24] Batín's exemplum or parable derives from a long-standing folkloric tradition.

[25] The image demonstrates the fear of the horse when facing the lion. The horse is so frightened that his hair stands up and resembles the shape of a spear.

tilde;[26]

y el que a los picadores no sufría,

290 los pícaros° sufrió desde aquel día.[27]   taunting rogues

FEDERICO   Batín, ya sé que mi vicioso padre

no pudo haber remedio que le cuadre°   suits

como es el casamiento,

pero ¿no ha de sentir mi pensamiento

295 haber vivido con tan loco engaño?[28]

Ya sé que al más altivo,° al más extraño,   arrogant

le doma° una mujer, y que delante   tames

deste león, el bravo, el arrogante

se deja sujetar del primer niño,

300 que con dulce cariño

y media lengua, o muda o balbuciente,°   stammering

tiniéndole° en los brazos le consiente   = teniéndole

que le tome la barba.[29]

Ni rudo labrador la roja parva,°   unthrashed corn

305 como un casado la familia mira,

y de todos los vicios se retira.[30]

Mas ¿qué me importa a mí que se sosiegue

mi padre, y que se niegue

---

[26] The tilde is the mark over the **n** that forms the **ñ**. The once arrogant horse, tamed by his contact with the lion, is now so docile that a little person riding him would seem to be as large as the tilde over the *n*.

[27] The play on words indicates that the horse who could not abide by (suffer) the trainers (**picadores**) now suffers the taunts of rogues (**pícaros**) on the street.

[28] Federico's illusion is that he was to be his father's heir. Now he acknowledges his disillusionment (**desengaño**).

[29] Federico says that if Casandra gives his father a son, the duke will spoil the child and allow him all manner of liberties, including letting the child pull at his beard (an act that was considered an insult).

[30] Federico argues that fathers love their families just as farmers love their crops, and the family man will be motivated to abandon his premarital vices.

	a los vicios pasados,	
310	si han de heredar sus hijos sus estados,	
	y yo, escudero° vil, traer en brazos	squire
	algún león que me ha de hacer pedazos?[31]	
BATÍN	Señor, los hombres cuerdos° y discretos,	sane
	cuando se ven sujetos	
315	a males sin remedio	
	poniendo a la paciencia de por medio,	
	fingen contento, gusto y confianza,	
	por no mostrar envidia y dar venganza.	
FEDERICO	¿Yo sufriré madrastra?°	stepmother
BATÍN	¿No sufrías	
320	las muchas que tenías	
	con los vicios del duque? Pues agora	
	sufre una sola que es tan gran señora.	
FEDERICO	¿Qué voces son aquéllas?	
BATÍN	En el vado° del río suena gente.	ford
FEDERICO	Mujeres son; a verlas voy.	
325 BATÍN	Detente.	
FEDERICO	Cobarde, ¿no es razón favorecellas?	

Vase FEDERICO.

BATÍN	Excusar° el peligro es ser valiente.	to avoid
	¡Lucindo! ¡Albano! ¡Floro!	

Salen los tres.

LUCINDO	¡El conde llama!	
ALBANO	¿Dónde está Federico?	
FLORO	¿Pide acaso°	perhaps
	los caballos?	

---

[31] The lion in this instance would be Casandra.

330 BATÍN   Las voces de una dama,
con poco seso° y con valiente paso°   good judgment, pace
le llevaron de aquí. Mientras le sigo,
llamad la gente.

Vase BATÍN.

LUCINDO   ¿Dónde vas? Espera.

ALBANO   Pienso que es burla.

FLORO   Y yo mismo digo,

335   aunque suena rumor en la ribera°   river bank
de gente que camina.

LUCINDO   Mal Federico a obedecer se inclina
el nuevo dueño,° aunque por ella viene.   master (i.e., "mistress"

ALBANO   Sale a los ojos el pesar que tiene.

Sale FEDERICO con CASANDRA en los brazos.

340 FEDERICO   Hasta poneros° aquí,   to put you down
los brazos me dan licencia.

CASANDRA   Agradezco, caballero,
vuestra mucha gentileza.

FEDERICO   Y yo a mi buena fortuna

345   traerme por esta selva,°   forest
casi fuera de camino.

CASANDRA   ¿Qué gente, señor, es ésta?

FEDERICO   Crïados que me acompañan.
No tengáis, señora, pena.

350   Todos vienen a serviros.

*Sale BATÍN con LUCRECIA, criada,
en los brazos.*

BATÍN   Mujer, dime, ¿cómo pesas,

	si dicen que sois livianas?[32]	
LUCRECIA	Hidalgo,° ¿dónde me llevas?	Sir,
BATÍN	A sacarte por lo menos	
355	de tanta enfadosa° arena,°	cumbersome, sand
	como la falta del río	
	en estas orillas° deja.[33]	shores
	Pienso que fue treta° suya,	wile, craftiness
	por tener ninfas tan bellas,	
360	volverse el coche al salir;	
	que si no fuera tan cerca,	
	corriérades° gran peligro.	you would have run into
FEDERICO	Señora, porque yo pueda	
	hablaros con el respeto	
365	que vuestra persona muestra,	
	decidme quién sois.	
CASANDRA	Señor,	
	no hay causa porque no deba	
	decirlo. Yo soy Casandra,	
	ya de Ferrara duquesa,	
370	hija del Duque de Mantua.	
FEDERICO	¿Cómo puede ser que sea	
	vuestra alteza° y venir sola?	highness
CASANDRA	No vengo sola, 'que fuera°	which would be
	cosa imposible; no lejos	
375	el Marqués Gonzaga queda,	
	a quien pedí me dejase,	
	atravesando una senda,°	path

---

[32] Batín's wordplay depends on the double meaning of *liviano* as frivolous and light. He is asking, then, "How come you're weighing me down, if people say that you women are **livianas**?"

[33] Batín mentions that when the water of the river has receded, it has left deposits of sand, probably in the form of mud. The river god will have done this intentionally, to bring the young ladies (**ninfas**, *nymphs*) to him when their carriage became stuck or overturned.

	pasar sola en este río	
	parte desta ardiente siesta,	
380	y por llegar a la orilla,	
	que me pareció cubierta	
	de más árboles y sombras,	
	había más agua en ella,	
	tanto, que pude correr,	
385	'sin ser mar,° fortuna adversa;	although it was not th
	mas no pudo ser Fortuna,	
	pues se pararon las ruedas.³⁴	
	Decidme, señor, quién sois,	
	aunque ya vuestra presencia	
390	lo generoso asegura	
	y lo valeroso muestra	
	que es razón que este favor,	
	no sólo yo le agradezca,	
	pero el marqués y mi padre,	
395	que tan obligados quedan.	

FEDERICO   Después que me dé la mano,
            sabrá quién soy vuestra alteza.

CASANDRA   ¡De rodillas! Es exceso.
            No es justo que lo consienta
400   la mayor obligación.

FEDERICO   Señora, es justo y 'es fuerza.°   fitting
            Mirad que soy vuestro hijo.

CASANDRA   Confieso que he sido necia
            en no haberos conocido.°   recognized
405   ¿Quién, sino quien sois, pudiera
            valerme en tanto peligro?
            Dadme los brazos.

---

³⁴ Referring to her luck, Casandra alludes to the goddess Fortuna, who is associated with the wheel (**rueda**) of fortune, which can bring prosperity or disaster. Casandra draws an ironic analogy between the wheel of fortune and the wheels of the coach.

FEDERICO	Merezca
	vuestra mano.
CASANDRA	No es razón.
	Dejaldes pagar la deuda,
410	señor conde Federico.
FEDERICO	El alma os dé la respuesta.

Hablen quedo,° y diga BATÍN.   quietly

BATÍN	Ya que ha sido nuestra dicha°	good fortune
	que esta gran señora sea	
	por quien íbamos a Mantua,	
415	sólo resta° que yo sepa	it remains
	si eres tú 'vuesa merced,°	your grace
	para que pueda medir°	to measure
	'lo razonado° a las prendas.°	the form of expression, cir-
420 LUCRECIA	Desde mis primeros años	cumstances
	sirvo, amigo, a la duquesa.	
	Soy doméstica crïada,	
	visto° y desnudo° a su alteza.	I dress, I undress
BATÍN	¿Eres camarera?°	chambermaid
LUCRECIA	No.	
425 BATÍN	Serás hacia-camarera,[35]	
	como que lo fuiste a ser,	
	y te quedaste a la puerta.	
	Tal vez tienen los señores,	
	como lo que tú me cuentas,	
430	unas crïadas malillas,°	all-purpose
	entre doncellas y dueñas,	
	que son todo y no son nada.	
	¿Cómo te llamas?	
LUCRECIA	Lucrecia.	

---

[35] **Hacia-camarera** *an "in the direction of the chamber"*

BATÍN	¿La de Roma?	
LUCRECIA	'Más acá.°	from closer by
435 BATÍN	¡Gracias a Dios que 'con ella	
	topé!° Que desde su historia	I ran into her
	traigo llena la cabeza	
	de castidades° forzadas	chastity
	y de diligencias° necias.	matters
	¿Tú viste a Tarquino?[36]	
440 LUCRECIA	¿Yo?	
BATÍN	¿Y qué hicieras si le vieras?	
LUCRECIA	¿Tienes mujer?	
BATÍN	¿Por qué causa	
	lo preguntas?	
LUCRECIA	Porque pueda	
	ir a tomar su consejo.	
445 BATÍN	Herísteme° por la treta.	You offended me
	¿Tú sabes quién soy?	
LUCRECIA	¿De qué?	
BATÍN	¿Es posible que no llega	
	aun hasta Mantua la fama	
	de Batín?	
LUCRECIA	¿Por qué excelencias?	
450	Pero tú debes de ser	

---

[36] In an episode from Roman history, as recounted by Livy and others, with variations in the details, Sextus Tarquinius, son of the last king of Rome, raped Lucretia, a model of exemplary conduct and fidelity, under the threat of death and dishonor. Appearing before her noble father and her husband, Lucretia disclosed the violation. She pleaded to those assembled for vengeance. While they were debating the issue, Lucretia drew a dagger and killed herself, to become a martyr to the cause of feminine honor and loyalty. William Shakespeare commemorated the event in a poem, *The Rape of Lucrece* (1594), and another of Lope's English contemporaries, Thomas Heywood, wrote a play with the same title, first staged in 1607. The Spanish playwright Francisco de Rojas Zorrilla (1607-1648) is the author of *Lucrecia y Tarquino*, written after 1635.

como unos necios, que piensan
que en todo el mundo su nombre
por único se celebra,
y apenas le sabe nadie.

455 BATÍN   No quiera Dios que tal sea,
ni que murmure envidioso
de las virtudes ajenas.°   of others
Esto dije 'por donaire,°   to be witty
que no porque piense o tenga
460   satisfacción° y arrogancia.   presumptuousness
Verdad es que yo quisiera
tener fama entre hombres sabios
que ciencia y letras profesan;
que en la ignorancia común
465   no es fama, sino cosecha,°   harvest
que sembrando° disparates°   sowing, nonsense
coge° lo mismo que siembra.   he gathers up

CASANDRA   Aún 'no acierto a encarecer°   I cannot praise
el haberos conocido;   enough
470   poco es lo que había oído
para lo que vengo a ver.
El hablar, el proceder
a la persona conforma,
hijo y mi señor, de forma
475   que muestra en lo que habéis hecho
cuál es el alma del pecho°   heart
que tan gran sujeto informa.°   animates
    Dicha ha sido haber errado
el camino que seguí,
480   pues más presto° os conocí   quickly
por yerro° tan acertado.°   error, opportune

        Cual[37] suele en el mar airado°   angry
        la tempestad, después della
        ver aquella lumbre° bella,   light
485   así fue mi error la noche,
        mar el río, nave el coche,
        yo el piloto, y vos mi estrella.
           Madre os seré desde hoy,
        señor Conde Federico,
490   y deste nombre° os suplico°   = **madre,** I implore
        que me honréis, pues ya lo soy.
        De vos tan contenta estoy,
        y tanto el alma repara
        en prenda° tan dulce y cara,   affection
495   que me da más regocijo°   joy
        teneros a vos por hijo,
        que ser duquesa en Ferrara.[38]

FEDERICO   Basta que me dé temor,
        hermosa señora, el veros;
500   no me impida el responderos
        turbarme° tanto favor.   to alarm me
        Hoy el duque, mi señor,
        en dos divide mi ser,
        que del cuerpo pudo hacer
505   que mi ser primero fuese,
        para que el alma debiese
        a mi segundo nacer.

---

[37] **Cual,** meaning *like* or *as*, is equivalent to **como** in introducing a simile (*un símil*), or indirect comparison. The light (**lumbre**) to which Casandra refers is the phenomenon known as "St. Elmo's fire," a charge of electricity that produces a glowing effect at sea during a thunderstorm, typically to the wonderment of sailors. St. Elmo (San Telmo) was the patron saint of sailors.

[38] In this speech, Casandra underscores her commitment to her maternal role. In the speech that follows, Federico characterizes the meeting as a rebirth, superior to his earlier birth.

Destos nacimientos dos
lleváis, señora, la palma;[39]
510   que para nacer con alma,
hoy quiero nacer de vos.
Que, aunque quien la infunde es Dios,
hasta que os vi, no sentía
en qué parte la tenía;
515   pues, si conocerlo os debo,
vos me habéis hecho de nuevo;
que yo sin alma vivía.
    Y desto se considera,
pues que de vos nacer quiero,
520   que soy el hijo primero
que el duque de vos espera.
Y de que tan hombre quiera
nacer, no son fantasías;
que para disculpas mías,
525   aquel divino crisol°   melting pot
ha° seis mil años que es sol,   = hace
y nace todos los días.

Salen EL MARQUÉS GONZAGA
y RUTILIO.

RUTILIO   Aquí, señor, los dejé.
MARQUÉS   Extraña desdicha fuera,[40]
530   si el caballero que dices
               no llegara a socorrerla.°   to help her
RUTILIO   Mandóme alejar, pensando

---

[39] The palm tree (**palma**) is a symbol of victory. **Llevar(se) la palma** means to win or to carry the day. Federico stresses the fact that the encounter with his stepmother-to-be represents for him a type of rebirth.

[40] **Extraña desdicha...** *It would be a grave misfortune*

		dar nieve al agua risueña,°	pleasant
		bañando en ella los pies	
535		para que corriese perlas,	
		y así no pudo llegar	
		tan presto mi diligencia,	
		y en brazos de aquel hidalgo°	gentleman
		salió, señor, la duquesa;	
540		pero como vi que estaban	
		seguros en la ribera,	
		corrí a llamarte.[41]	

MARQUÉS   Allí está
    entre el agua y 'el arena°   now, *la arena*
    el coche solo.

RUTILIO   Estos sauces
545   no estorbaron el verla.
    Allí está con los crïados
    del caballero.

CASANDRA   Ya llega
    mi gente.

MARQUÉS   ¡Señora mía!

CASANDRA   ¡Marqués!

MARQUÉS   'Con notable pena°   in a state of anxiety
550   a todos nos ha tenido
    hasta agora vuestra alteza.
    ¡Gracias a Dios, que os hallamos
    sin peligro!

CASANDRA   Después dellas,
    las dad[42] a este caballero.

555   Su piadosa gentileza

---

[41] Note the metaphorical structure in this passage and throughout the play. The images of snow (**nieve**) and pearls (**perlas**) stress the whiteness of Casandra's skin when she puts her feet (**pies**) into the water.

[42] **Después dellas…** *after giving them thanks to God*

	me sacó libre en los brazos.
MARQUÉS	Señor conde, ¿quién pudiera,
	sino vos, favorecer
	a quien ya es justo que tenga
560	el nombre de vuestra madre?
FEDERICO	Señor marqués, yo quisiera
	ser un Júpiter[43] entonces,
	que tranformándose cerca°
	en aquel ave imperial,
565	aunque las plumas pusiera
	a la luz de tanto sol,
	ya de Faetonte[44] soberbia,°
	entre las doradas° uñas,°
	tusón[45] del pecho la hiciera,
570	y por el aire en los brazos,
	por mi cuidado la vieran
	los del duque, mi señor.

now (gloss for line 562)

pride (gloss for line 566)

golden, claws (gloss for line 567)

---

[43] Jupiter, the king of the gods, assumed the form of an eagle (**el águila, aquel ave imperial**) in order to seize the Trojan prince Ganymede (Ganimedes), renowned for his physical beauty. Jupiter appointed Ganymede the cupbearer of the gods, and, in some versions of the story, seduces the young man.

[44] In Greek mythology, Phæton is the son of the sun god Helios. When others doubt Phæton's lineage, the young man begs his father to allow him to drive the sun chariot. The wish is granted, but Phæton fails to control the vehicle, and fire threatens Earth. Zeus (Jupiter) sends a thunderbolt to remedy the situation; Earth is saved, but Phæton is killed.

[45] *Tusón* (fleece) refers to the story in Greek mythology of the golden fleece of the winged ram born, through a series of metamorphoses, of the sea god Poseidon (Neptune) and the granddaughter of the sun god Helios. The ram was ultimately sacrificed, but the golden fleece was preserved in a place of honor until it was taken by Jason and the Argonauts. The Order of the Golden Fleece (**Orden del Toisón de Oro**) was a chivalric institution founded in the fifteenth century, whose knights wore a distinctive necklace that featured the figure of the ram. In an allusion to the necklace, Federico will "fly" away, bearing Casandra in his arms (leaning on his chest, **pecho**).

MARQUÉS   El cielo, señor, ordena
estos sucesos° que veis,   occurrences
575   para que Casandra os deba
un beneficio° tan grande,   favor
que desde este punto pueda
confirmar las voluntades,°   wills
y en toda Italia se vea
580   amarse tales contrarios,°⁴⁶   opposing parties
y que en un sujeto quepan.°   fit

*Hablan los dos, y aparte CASANDRA
y LUCRECIA.*

CASANDRA   Mientras los dos hablan, dime,
¿qué te parece, Lucrecia,
de Federico?
LUCRECIA   Señora,
585   si tú me dieses licencia,
mi parecer te diría.
CASANDRA   Aunque ya no sin sospecha,
yo te la doy.
LUCRECIA   Pues yo digo...
CASANDRA   Di.
LUCRECIA   Que más dichosa° fueras   fortunate
590   si 'se trocara° la suerte.⁴⁷   changed
CASANDRA   Aciertas, Lucrecia, y yerra°   goes astray
mi fortuna; mas ya es hecho,

---

⁴⁶ The marquis alludes to the traditional adversarial roles of stepmother and stepson. Later in the play, the marquis's servant Rutilio uses the word **contrario** to refer to Federico as his master's rival (and superior).

⁴⁷ Lucrecia accurately guesses that Casandra would be happier if she were marrying the son rather than the father. Casandra realizes that she cannot back out of the marriage pledge. Any such action would anger her father, and the scandalous news would be spread throughout Italy.

porque cuando yo quisiera,
fingiendo alguna invención,°   contrivance
595   volver a Mantua, estoy cierta
que me matara mi padre,
y por toda Italia fuera
fábula° mi desatino;°   gossip, lack of judgment
fuera de que no pudiera
600   casarme con Federico.
Y así, no es justo que vuelva
a Mantua, sino que vaya
a Ferrara, en que me espera
el duque, de cuya libre
605   vida y condición me llevan
las nuevas con gran cuidado.

MARQUÉS   Ea,° nuestra gente venga,   Well, then,
y alegremente salgamos
del peligro desta selva.
610   'Parte delante° a Ferrara,   Go right away
Rutilio, y lleva las nuevas
al duque del buen suceso,
si por ventura° no llega   chance
anticipada la fama,
615   que se detiene en las buenas
cuanto corre en siendo malas.
Vamos, señora, y prevengan°   let them ready
caballo al conde.

FLORO   El caballo
del conde.

CASANDRA   Vuestra excelencia
620   irá mejor en mi coche.

FEDERICO   Como mande vuestra alteza
que vaya, la iré sirviendo.

*EL MARQUÉS lleve de la mano a
CASANDRA, y queden FEDERICO*

y BATÍN.

BATÍN	¡Qué bizarra° es la duquesa!	attractive
FEDERICO	¿Parécete bien, Batín?	
625 BATÍN	Paréceme una azucena°	lily
	que está pidiendo al aurora°	dawn
	en cuatro cándidas° lenguas	white
	que le trueque° en cortesía	changes
	los granos de oro a sus perlas.	
630	No he visto mujer tan linda.	
	Por Dios, señor, que si hubiera	
	lugar, porque suben ya,	
	y no es bien que la detengas,	
	que te dijera...	
FEDERICO	No digas	
635	nada, que con tu agudeza°	astuteness
	me has visto el alma en los ojos,	
	y el gusto me lisonjeas.°	you flatter
BATÍN	¿No era mejor para ti	
	esta clavellina° fresca,	pink carnation
640	esta naranja en azar,°	blossom
	toda de pimpollos° hecha,	buds
	esta alcorza° de ámbar y oro,	confection
	esta Venus, esta Elena?°	Helen of Troy
	¡Pesia° las leyes del mundo!	curses on
645 FEDERICO	Ven, no les demos sospecha,	
	y seré el primer alnado°	stepson
	a quien hermosa parezca	
	su madrastra.	
BATÍN	Pues, señor,	
	no hay más de tener paciencia,	
650	que a fe que a dos pesadumbres,°	quarrels

ella te parezca fea.[48]

Vanse. Salen EL DUQUE DE FERRARA
y AURORA, *su sobrina.*

DUQUE	Hallarála en el camino
	Federico, si partió
	cuando dicen.

AURORA   Mucho erró,

655   pues cuando el aviso vino
                era forzoso el partir
        a acompañar a su alteza.

DUQUE   Pienso que alguna tristeza
        pudo el partir diferir;

660   que, en fin, Federico estaba
        seguro en su pensamiento
        de heredarme, cuyo intento,
        que con mi amor consultaba,
            fundaba bien su intención,

665   porque es Federico, Aurora,
        lo que más mi alma adora,
        y fue casarme traición
            que hago a mi propio gusto;
        que mis vasallos han sido

670   quien° me han forzado y vencido   = quienes
        a darle tanto disgusto;[49]
            si bien dicen que esperaban
        tenerle por su señor,
        o por conocer mi amor,

---

[48] Playing with stereotypes, Batín tells his master that once he has argued with his stepmother a couple of times, she will seem ugly to him.

[49] The duke repeats his assertion that his subjects have forced him into the decision to marry Casandra and again accentuates the great love that he feels for Federico, with whom he sympathizes.

675   o porque también le amaban;
                          más que los deudos° que tienen   relatives
                       derecho a mi sucesión,
                       pondrán pleito° con razón;   lawsuit
                       o que si a las armas vienen,
680   no pudiendo concertallos,°   to reach agreement
                       abrasarán° estas tierras,   with them, will burn
                       porque siempre son las guerras
                       a costa de los vasallos.
                          Con esto determiné
685   casarme; no pude más.

AURORA   Señor, disculpado estás;
                       yerro de Fortuna fue.
                          Pero la grave prudencia
                       del conde hallará templanza,°   serenity
690   para que su confianza[50]
                       tenga consuelo y paciencia,
                          aunque en esta confusión
                       un consejo quiero darte,
                       que será remedio en parte
695   de su engaño y tu afición.
                          Perdona el atrevimiento,°   audacity
                       que fiada en el amor
                       que me muestras, con valor
                       te diré mi pensamiento.
700   Yo soy, invicto° duque, tu sobrina;   indomitable
                       hija soy de tu hermano,
                       que en su primera edad, como temprano
                       almendro° que la flor al cierzo° inclina,   almond tree, north win
                       cinco lustros,° ¡ay suerte   periods of five years
705   crüel!, rindió a la inexorable muerte.
                          Criästeme° en tu casa, porque luego   you brought me up

---

[50] **Su confianza...** *the faith that he has entrusted*

quedé también sin madre.
Tú sólo fuiste mi querido padre,
y en el confuso laberinto[51] ciego
710   de mis fortunas tristes
el hilo de oro que de luz me vistes.
   Dísteme por hermano a Federico,
mi primo en la crïanza,°   growing up
a cuya siempre honesta° confianza   pure, chaste
715   con dulce trato honesto amor aplico,
no menos dél querida,
viviendo entrambos° una misma vida.   both
   Una ley, un amor, un albedrío,°   fancy
una fe nos gobierna,
720   que con el matrimonio será eterna,
siendo yo suya, y Federico mío;
que aun apenas la muerte
osará° dividir lazo° tan fuerte.   will dare, bond
   Desde la muerte de mi padre amado,
725   tiene mi hacienda aumento;
no hay en Italia agora casamiento
más igual a sus prendas y a su estado;
que yo, entre muchos grandes,
ni miro a España, ni 'me aplico a°   am I considering
   Flandes.
730   Si le casas conmigo, estás seguro
de que no se entristezca
de que Casandra sucesión te ofrezca,
sirviendo yo de su defensa y muro.

---

[51] In Greek mythology, the labyrinth was a maze-like structure that housed the Minotaur (**Minotauro**), a creature, half man and half bull, nourished by human sacrifice. Aided by Ariadne, who gave him a roll of golden thread (**hilo de oro**) to mark his position, the Athenian hero Theseus (**Teseo**) was able to kill the Minotaur and to escape from the labyrinth.

Mira si en este medio
735 promete mi consejo tu remedio.
DUQUE   Dame tus brazos, Aurora,[52]
que en mi sospecha y recelo,°   mistrust
eres la misma del cielo
que mi noche ilustra° y dora.   illuminates
740   Hoy mi remedio amaneces,°   you shed light on
y en el sol de tu consejo
miro, como en claro espejo,
el que a mi sospecha ofreces.
Mi vida y honra aseguras;
745 y así, te prometo al conde,
si a tu honesto amor responde
la fe con que le procuras;
que bien creo que estarás
cierta de su justo amor,
750 como yo, que tu valor,
Aurora, merece más.
Y así, pues vuestros intentos
conformes vienen a ser,
palabra te doy de hacer
755 juntos los dos casamientos.
Venga el conde, y tú verás
qué día a Ferrara doy.
AURORA   Tu hija y tu esclava soy.
No puedo decirte más.

Sale BATÍN.

---

[52] The duke plays on the meaning of the name Aurora (dawn). In terms of the play's structure, Aurora's love for Federico establishes a triangular pattern with the duke, Casandra, and Federico on one level, and Casandra, Federico, and Aurora on another. Lope also constructs what may be called a false triangle, with the marquis, Aurora, and Carlos.

760	BATÍN	Vuestra alteza, gran señor,
		reparta° entre mí y el viento

reparta° — split

las albricias,° porque a entrambos — reward for good news
se las debe de derecho;[53]
que no sé cuál de los dos
765   vino en el otro corriendo,
yo en el viento, o él en mí,
él en mis pies, yo en su vuelo.° — flight
La duquesa, mi señora,
viene buena, y si primero
770   dijo la fama que el río,
con atrevimiento necio,
volvió° el coche, no fue nada, — turned over
porque el conde al mismo tiempo
llegó y la sacó en los brazos;
775   con que las paces se han hecho
de aquella opinión vulgar
que nunca bien se quisieron
los alnados y madrastras,
porque con tanto contento
780   vienen juntos, que parecen
hijo y madre verdaderos.

DUQUE   Esa paz, Batín amigo,
es la nueva° que agradezco; — bit of news
y que traiga gusto el conde,
785   fuera de ser nueva es nuevo.
Querrá Dios que Federico
con su buen entendimiento
se lleve bien con Casandra.
En fin, ¿ya los dos se vieron,
790   y en tiempo que pudo hacerle
ese servicio?

---

[53] **Se las...** *by all rights should take credit*

BATÍN   Prometo
a vuestra alteza que fue
dicha de los dos.

AURORA   Yo quiero
que me des nuevas también.

795 BATÍN   ¡Oh, Aurora, que a la del cielo
das ocasión con el nombre
para decirte concetos!°   witticisms
¿Qué me quieres preguntar?

AURORA   Deseo de saber tengo
800   si es muy hermosa Casandra.

BATÍN   Esa pregunta y deseo
no era de vuestra excelencia,
sino del duque, mas pienso
que entrambos sabéis por fama
805   lo que repetir no puedo,
porque ya llegan.

DUQUE   Batín,
ponte esta cadena al cuello.

Salen con gran acompañamiento y bizarría
RUTILIO, FLORO, ALBANO, LUCINDO,
EL MARQUÉS GONZAGA, FEDERICO,
CASANDRA y LUCRECIA.

FEDERICO   En esta güerta,° señora,   garden
os tienen hecho aposento°   pavilion
810   para que el duque os reciba,
en tanto que disponiendo
queda Ferrara la entrada,
que a vuestros merecimientos°   merits
será corta, aunque será
815   la mayor que en estos tiempos
en Italia se haya visto.

CASANDRA   Ya, Federico, el silencio

	me provocaba° a tristeza.	moved
FEDERICO	Fue de aquesta° causa efeto.	= esta
820	Ya salen a recibiros	
	el Duque y Aurora.	
DUQUE	El cielo,	
	hermosa Casandra, a quien	
	con toda el alma os ofrezco	
	estos estados, os guarde,	
825	para su señora y dueño,	
	para su aumento y su honor,	
	los años de mi deseo.	
CASANDRA	Para ser de vuestra alteza	
	esclava, gran señor, vengo,	
830	que deste título sólo	
	recibe mi casa aumento,	
	mi padre honor y mi patria	
	gloria, 'en cuya fe° poseo	who trust that
	los méritos de llegar	
835	a ser digna de los vuestros.	
DUQUE	Dadme vos, señor Marqués,	
	los brazos, a quien hoy debo	
	prenda de tanto valor.	
MARQUÉS	En su nombre los merezco,	
840	y por la parte que tuve	
	en este alegre himeneo,[54]	
	pues hasta la ejecución	
	me sois deudor° del concierto,°	debtor, match
AURORA	Conoced, Casandra, a Aurora.	
845 CASANDRA	Entre los bienes que espero	
	de tanta ventura° mía,	good fortune
	es ver, Aurora, que os tengo	
	por amiga y por señora.	

---

[54] **Himeneo** *marriage*. Himeneo is the god of marriage.

AURORA	Con serviros, con quereros
850	por dueño de cuanto soy,
	sólo responderos puedo.
	Dichosa Ferrara ha sido,
	¡oh Casandra!, en mereceros
	para gloria de su nombre.
855 CASANDRA	Con tales favores entro,
	que ya en todas mis acciones
	próspero fin me prometo.
DUQUE	Sentaos, porque os reconozcan
	con debido amor mis deudos
	y mi casa.
860 CASANDRA	No replico;
	cuanto mandáis obedezco.

Siéntense debajo del dosel EL DUQUE *y*
CASANDRA, *y* EL MARQUÉS *y*
AURORA.

CASANDRA	¿No se sienta el conde?	
DUQUE	No,	
	porque' ha de ser° el primero	he must be
	'que os ha de besar la° mano.	to kiss your
865 CASANDRA	Perdonad; que no consiento	
	esa humildad.	
FEDERICO	Es 'agravio	
	de° mi amor; fuera de serlo,	an insult to
	es ir contra mi obediencia.	
CASANDRA	Eso no.	
FEDERICO	*(Aparte)* Temblando llego.	
870 CASANDRA	Teneos.°	stop!
FEDERICO	No lo mandéis.	
	Tres veces, señora, beso	
	vuestra mano: una por vos,	
	con que humilde me sujeto	

875		a ser vuestro mientras viva,	
		destos vasallos ejemplo;	
		la segunda por el duque,	
		mi señor, a quien respeto	
		obediente; y la tercera	
		por mí, porque no teniendo	
880		más por vuestra obligación	
		ni menos por su preceto,°	mandate
		sea de mi voluntad,	
		señora, reconoceros;	
		que la que sale del alma	
885		sin fuerza de gusto ajeno,	
		es verdadera obediencia.	
	CASANDRA	De tan obediente cuello	
		sean cadena mis brazos.	
	DUQUE	Es Federico discreto.[55]	
890	MARQUÉS	'Días ha,° gallarda Aurora,	= hace días
		que los deseos de veros	
		nacieron de vuestra fama,	
		y a mi fortuna le debo	
		que tan cerca me pusiese	
895		de vos, aunque no sin miedo,	
		para que sepáis de mí	
		que, puesto que se cumplieron,	
		son mayores de serviros	
		cuando tan hermosa os veo.	
900	AURORA	Yo, señor marqués, estimo	
		ese favor como vuestro,	
		porque ya de vuestro nombre,	
		que por las armas eterno	
		será en Italia, tenía	

---

[55] The extreme formality and courtesy displayed in the entry of Casandra into Ferrara set the stage for the intensification of irony as the action moves forward.

905   noticia por tantos hechos.
       Lo de galán ignoraba,
       y fue ignorancia, os confieso,
       porque soldado y galán
       es fuerza, y más en sujeto
910   de tal sangre y tal valor.
MARQUÉS   Pues haciendo fundamento
       de ese favor, desde hoy
       me nombro vuestro, y prometo
       mantener en estas fiestas
915   a todos los caballeros
       de Ferrara, que ninguno
       tiene tan hermoso dueño.
DUQUE   Que descanséis es razón;
       que pienso que entreteneros
920   es hacer la necedad°   foolish thing
       que otros casados dijeron.
       No diga el largo camino
       que he sido dos veces necio,
       y amor que no estimo el bien,
925   pues no le agradezco el tiempo.

       Todos se van con grandes cumplimientos,
       y quedan FEDERICO y BATÍN.

FEDERICO   ¡Qué necia imaginación!
BATÍN   ¿Cómo necia? ¿Qué tenemos?
FEDERICO   Bien dicen que nuestra vida
       es sueño, y toda es sueño,[56]
930   pues que no sólo dormidos,

---

[56] In this speech of Federico, Lope anticipates the title and the ideology of Pedro Calderón de la Barca's richly textured *La vida es sueño* (1635), which many scholars and theater specialists cite as the most significant of all Spanish plays.

		pero aun estando despiertos,	
		cosas imagina un hombre	
		que al más abrasado° enfermo	enraged
		con frenesí no pudieran	
935		llegar a su entendimiento.	
	BATÍN	Dices bien; que alguna vez	
		entre muchos caballeros	
		suelo estar, y sin querer	
		se me viene al pensamiento	
940		dar un bofetón° a uno	slap
		y mordelle del pezcuezo.[57]	
		Si estoy en algún balcón,	
		estoy pensando y temiendo	
		'echarme de él,° y matarme.	falling off of it
945		Si estoy en la iglesia oyendo	
		algún sermón, imagino	
		que le digo que está impreso.[58]	
		'Dame gana de° reír	I feel like
		si voy en algún entierro,°	burial
950		y si dos están jugando,	
		que les tiro el candelero.°	candlestick
		Si cantan, quiero cantar,	
		y si alguna dama veo,	
		en mi necia fantasía,	
955		'asirla del moño° intento,	to grab her chignon
		y 'me salen mil colores,°	I begin to blush
		como si lo hubiera hecho.	
	FEDERICO	¡Jesús! '¡Dios me valga!° ¡Afuera,	Lord help me!

---

[57] **Mordelle del...** *to bite his neck.* Following Federico's statement of his dilemma, Batín treats lightly a similar theme: one's responsibility to conform to protocol versus the desire to act on impulse and to defy protocol.

[58] Batín is satirizing priests who use published commentaries for their sermons instead of creating their own material.

960		desatinados conceptos de sueños despiertos! ¿Yo ¿tal imagino, tal pienso?
		¿Tal me prometo, tal digo?
		¿Tal fabrico,° tal emprendo?°
		¡No más! ¡Extraña locura!
965	BATÍN	Pues, ¿tú para mí secreto?
	FEDERICO	Batín, no es cosa que hice,
		y así nada te reservo;
		que las imaginaciones
		son espíritus sin cuerpo.
970		Lo que no es ni ha de ser
		no es esconderte mi pecho.
	BATÍN	Y si te lo digo yo,
		¿negarásmelo?°
	FEDERICO	'Primero
		que° puedas adivinarlo,°
975		habrá flores en el cielo,
		y en este jardín estrellas.
	BATÍN	Pues mira cómo lo acierto:
		que te agrada tu madrastra
		y estás entre ti diciendo…
980	FEDERICO	No lo digas; es verdad.
		Pero yo, ¿qué culpa tengo,
		pues el pensamiento es libre?
	BATÍN	Y tanto, que por su vuelo
		la inmortalidad del alma
985		se mira como en espejo.
	FEDERICO	Dichoso es el duque.
	BATÍN	¡Y mucho!
	FEDERICO	Con ser imposible, llego
		a estar envidioso de él.
	BATÍN	Bien puedes, con presupuesto°
990		de que era mejor Casandra
		para ti.

Glosses (right margin):
- I invent, I undertake
- can you deny it?
- before, to guess it
- presupposition

FEDERICO   Con eso puedo
                  morir de imposible amor
                  y tener posibles celos.

Acto segundo

Salen CASANDRA y LUCRECIA.

LUCRECIA	Con notable admiración°	wonderment
995	me ha dejado vuestra alteza.	
CASANDRA	No hay altezas con tristeza,	
	y más si bajezas son.	
	Más quisiera, y con razón,	
	ser una ruda° villana°	uncultured, village girl
1000	que me hallara la mañana	
	al lado de un labrador,	
	que desprecio° de un señor,	scorn
	en oro, púrpura y grana.°	scarlet cloth
	¡Pluguiera a Dios° que naciera	Would to God
1005	bajamente, pues hallara	
	quien lo que soy estimara	
	y a mi amor correspondiera!¹	
	En aquella humilde esfera,	
	como en las camas reales,	
1010	se gozan contentos tales,	
	que no los crece el valor,	
	si los efetos de amor	
	son en las noches iguales.	
	No los halla a dos casados	
1015	el sol por las vidrieras°	window panes
	de cristal, a las primeras	
	luces del alba,° abrazados°	dawn, embracing

¹ Casandra emphasizes that she would rather be poor and loved than nobly married and scorned by her husband, as she has been.

con más gusto, ni en dorados
techos° más descanso halló,   mansions
que tal vez su rayo entró,
del aurora a los principios,
por mal ajustados ripios,[2]
y un alma en dos cuerpos vio.
   ¡Dichosa la que no siente
un desprecio autorizado,°   by one of high rank
y se levanta del lado
de su esposo alegremente!
La que en la primera fuente°   fountain
mira y lava, ¡oh cosa rara!,
con las dos manos la cara,
y no en llanto° cuando fue   weeping
'con ser° duque de Ferrara.   even though he may be
   Sola una noche le vi
en mis brazos en un mes,
y muchas le vi después
que no quiso verme a mí.
Pero de que viva ansí
¿cómo me puedo quejar,
pues que me pudo enseñar
la fama que quien vivía
tan mal, 'no se enmendaría,°   he would not mend his ways
aunque mudase° lugar?   he changed
   Que venga un hombre a su casa
'cuando viene al mundo el día,°   i.e., at dawn
que viva a su fantasía,
por libertad de hombre pasa.
¿Quién puede ponerle tasa?°   restriction
Pero que con tal desprecio
trate una mujer de precio,°   value

1020
1025
1030
1035
1040
1045
1050

---

[2] **Mal ajustados ripios** refers to poorly fitting brick pieces that
leave cracks or openings

      de que es casado olvidado,
      o quiere ser desdichado,
      o tiene mucho de necio.
         El duque debe de ser
1055   de aquellos cuya opinión
      en tomando posesión,
      quieren en casa tener
      como alhaja° la mujer,   jewel
      para adorno, lustre y gala,
1060   silla o escritorio en sala;
      y es término que condeno,
      porque con marido bueno,
      ¿cuándo se vio mujer mala?
         La mujer de honesto trato
1065   viene para ser mujer
      a su casa; que no a ser
      silla, escritorio o retrato.
      Basta ser un hombre ingrato,
      sin que sea descortés;[3]
1070   y es mejor, si causa es
      de algún pensamiento extraño,
      no dar ocasión al daño,
      que remediarle después.

LUCRECIA   Tu discurso me ha causado
1075   lástima y admiración;
      que tan grande sinrazón°   injustice
      puede 'ponerte en cuidado.°   cause you fear or anxiety
      ¿Quién pensara que casado
      fuera el duque tan vicioso,
1080   o que no siendo amoroso,

---

[3] Casandra says that the duke has gone beyond ingratitude, for he treats her with the utmost discourtesy and places her in ridicule. She is, for the duke, nothing more than a household object, a painting on the wall or a piece of furniture.

cortés, como dices, fuera,
con que tu pecho estuviera
para el agravio animoso?°   courageous
   En materia de galán
1085   puédese picar° en celos,°   to provoke, jealousy
y dar algunos desvelos,°   sleepnessness
cuando dormidos están
el desdén, el ademán,°   gesture
la risa con quien pasó,
1090   alabar al que la habló,
con que despierta el dormido;
pero celos a marido,
¿quién en el mundo los dio?
   ¿Hale escrito vuestra alteza
1095   a su padre estos enojos?°   grievances

CASANDRA   No, Lucrecia; que mis ojos
sólo saben mi tristeza.

LUCRECIA   Conforme a la naturaleza
y a la razón, mejor fuera
1100   que el conde te mereciera
y que contigo casado,
asegurado su estado,
su nieto le sucediera.
   Que aquestas melancolías
1105   que trae el conde, no son,
señora, sin ocasión.°   motive

CASANDRA   No serán sus fantasías,
Lucrecia, de envidias mías,
ni yo hermanos le daré,
1110   con que Federico esté
seguro que no soy yo
la que la causa le dio;
desdicha de entrambos fue.

Salen EL DUQUE, FEDERICO y BATÍN.

DUQUE	Si yo pensara, Conde, que te diera
1115	tanta tristeza el casamiento mío,
	antes de imaginarlo me muriera.
FEDERICO	Señor, fuera notable desvarío°

act of madness

entristecerme a mí tu casamiento,
ni de tu amor por eso desconfío.

1120   Advierta, pues, tu claro entendimiento
que si del casamiento me pesara,°   grieved
disimular° supiera el descontento.   to pretend
La falta de salud se ve en mi cara,
pero no la ocasión.°   cause

DUQUE   Mucho presumen
1125   los médicos de Mantua y de Ferrara,
y todos finalmente 'se resumen°   agree
en que casarte es el mejor remedio,
en que tales tristezas se consumen.[4]

FEDERICO   Para doncellas era mejor medio,
1130   señor, que para un hombre de mi estado,
que no por esos medios me remedio.

CASANDRA   Aun apenas el duque me ha mirado.
¡Desprecio extraño y vil descortesía!

LUCRECIA   Si no te ha visto, no será culpado.

1135 CASANDRA   Fingir descuido° es brava tiranía.   oversight
Vamos, Lucrecia, que, si no me engaño,
deste desdén le pesará algún día.

Vanse las dos.

---

[4] Federico assures his father that the cause of his illness is not his objection to the duke's marriage. The duke informs him that the doctors' consensus is that Federico himself should marry. The physicians seem to have diagnosed the illness as melancholy (*melancholia*, Sp. **melancolía**), which relates to what is now called depression.

DUQUE	Si bien de la verdad 'me desengaño,°

<small>I see the light</small>

yo quiero proponerte un casamiento,

1140　　　　　　ni lejos de tu amor, ni en reino° extraño. <small>kingdom</small>

FEDERICO　　¿Es por ventura Aurora?

DUQUE　　　　　　　　　　　El pensamiento

me hurtaste° al producirla por los labios, <small>you stole from</small>

como quien tuvo el mismo sentimiento.

Yo consulté los más ancianos sabios

1145　　　　del magistrado° nuestro, y todos vienen <small>tribunal</small>

en que esto sobredora° tus agravios. <small>(fig.) will alleviate</small>

FEDERICO　　Poca experiencia de mi pecho tienen;

neciamente me juzgan agraviado,

pues sin causa ofendido me previenen.

1150　　　　Ellos saben que nunca reprobado° <small>condemned</small>

tu casamiento de mi voto° ha sido, <small>opinion</small>

antes por tu sosiego° deseado. <small>tranquility</small>

DUQUE　　　Así lo creo, y siempre lo he creído,

y esa obediencia, Federico, pago

1155　　　　con estar de casarme arrepentido.° <small>regretful</small>

FEDERICO　　Señor, porque no entiendas que yo hago

sentimiento de cosa que es tan justa,

y el amor que me muestras satisfago,

sabré primero si mi prima gusta,

1160　　　　y luego disponiendo mi obediencia

pues lo contrario fuera cosa injusta,

haré lo que me mandas.

DUQUE　　　　　　　　　　　Su licencia

tengo firmada de su misma boca.

FEDERICO　　Yo sé que hay novedad, 'de cierta ciencia,° <small>for certain</small>

1165　　　　y que porque a servirle le provoca,

	el marqués en Ferrara se ha quedado.[5]	
DUQUE	Pues eso, Federico, '¿qué te toca?°	how does that affect y
FEDERICO	Al que se ha de casar le da cuidado	
	el galán que ha servido y aun enojos,	
1170	que es escribir sobre papel borrado.	
DUQUE	Si andan los hombres a mirar antojos,[6]	
	encierren en castillos las mujeres	
	desde que nacen, contra tantos ojos;	
	que el más puro cristal, si verte quieres,	
1175	'se mancha° del aliento. Mas, ¿qué importa	is marked
	'si del mirar escrupuloso eres?°	if you look closely
	Pues luego que se limpia y 'se reporta,°	it's as good as new
	tan claro queda como estaba antes.	
FEDERICO	Muy bien tu ingenio y tu valor me exhorta.	
1180	Señor, cuando centellas° rutilantes°	sparks, shining
	escupe° alguna fragua,° y el que fragua	spits out, forge
	quiere apagar las llamas° resonantes,	flames
	moja las brasas° de la ardiente fragua;	embers
	pero rebeldes ellas, crecen luego,	
1185	y arde el fuego voraz° lamiendo° el agua.	raging, licking up
	Así un marido del amante ciego	
	tiempla° el deseo y la primera llama,	tempers
	pero puede volver más vivo el fuego;	
	y así, debo temerme de quien ama,	

---

[5] Federico responds that he will not go against his father's wishes, but he introduces a possible obstacle to the marriage: the marquis's attentions to Aurora. To strengthen his point, Federico equates the marquis's courtship of Aurora, who formerly was linked with him, to writing on paper in which the content has been erased (**borrado**). He then draws a comparison between a flame that has been extinguished and again ignites with love that seemingly has been put aside and then returns, bringing dishonor in its path.

[6] **A mirar...** *taking seriously all that they imagined*

1190	que no quiero ser agua que le aumente,
	dando fuego a mi honor y humo a mi fama.
DUQUE	Muy necio, Conde, estás y impertinente.
	Hablas de Aurora, cual si noche fuera,[7]
	con bárbaro lenguaje y indecente.
FEDERICO	Espera.
DUQUE	¿Para qué?
1195 FEDERICO	Señor, espera.

Vase EL DUQUE.

BATÍN	¡Oh qué bien has negociado	
	la gracia° del duque!	favor
FEDERICO	Espero	
	su desgracia, porque quiero	
	ser en todo desdichado;	
1200	que mi desesperación	
	ha llegado a ser de suerte	
	que sólo para la muerte	
	me permite apelación.[8]	
	Y, si muriera, quisiera	
1205	poder volver a vivir	
	mil veces, para morir	
	cuantas a vivir volviera.	
	Tal estoy, que no me atrevo	
	ni a vivir ni a morir ya,	
1210	por ver que el vivir será	
	volver a morir de nuevo.	
	Y si no soy mi homicida,	
	es por ser mi mal tan fuerte,	

---

[7] The allusion to night is another play on Aurora (dawn).

[8] Federico's conceits on life and death are echoed, in burlesque fashion, by Batín. One may observe that Lope does not elide poetic effect even when his characters reach high levels of emotion.

		que porque es menos la muerte,
1215		me dejo estar con la vida.
	BATÍN	Según eso, ni tú quieres

que porque es menos la muerte,
1215   me dejo estar con la vida.

BATÍN   Según eso, ni tú quieres
vivir, Conde, ni morir;
que entre morir y vivir
como hermafrodita eres,
1220   que como aquél se compone
de hombre y mujer, tú de muerte
y vida; que de tal suerte
la tristeza te dispone,
que ni eres muerte ni vida.
1225   Pero, por Dios, que, mirado
tu desesperado estado,
me obligas a que te pida
o la razón de tu mal
o la licencia de irme
1230   adonde que fui confirme
desdichado por leal.[9]
Dame tu mano.

FEDERICO   Batín,
si yo decirte pudiera
mi mal, mal posible fuera,
1235   y mal que tuviera fin.
Pero la desdicha ha sido
que es mi mal de condición
que no cabe en mi razón
sino sólo en mi sentido;°   emotions
1240   que cuando por mi consuelo
voy a hablar, me pone en calma°   it makes me silent
ver que de la lengua al alma
hay más que del suelo al cielo.

----

[9] The two verses invert the natural word order (the figure of hyperbaton). The idea is **adonde confirme [pueda confirmar] que fui desdichado por [ser] leal.**

	Vete, si quieres, también,
1245	y déjame solo aquí,
	porque no haya cosa en mí
	que aún tenga sombra de bien.

Salen CASANDRA y AURORA.

CASANDRA   ¿De eso lloras?

AURORA   ¿Le parece
a vuestra alteza, señora,
1250   sin razón, si el conde agora
me desprecia y aborrece?
    Dice que quiero al Marqués
Gonzaga. ¿Yo a Carlos,° yo?   = *el marqués*
¿Cuándo? ¿Cómo? Pero no,
1255   que ya sé lo que esto es.
    Él tiene en su pensamiento
irse a España, despechado°   dismayed
de ver su padre casado;
que antes de su casamiento
1260   la misma luz de sus ojos
era yo, pero ya soy
'quien en los ojos le doy,°   who upsets him
y mis ojos sus enojos.
    ¿Qué aurora nuevas del día
1265   trujo° al mundo sin hallar   = **trajo**
al conde donde a buscar
la de sus ojos venía?[10]
    ¿En qué jardín, en qué fuente
no me dijo el conde amores?
1270   ¿Qué jazmines o qué flores

---

[10] Like the dawn that announces the arrival of a new day, each day
Federico used to seek out Aurora, the dawn of his eyes.

no fueron mi boca y frente?°[11]   forehead
    Cuando de mí se apartó,
¿qué instante vivió sin mí?
Oh, ¿cómo viviera en sí,
1275   si no le animara yo?
    Que tanto el trato acrisola°   purifies
la fe° de amor, que de dos   promise
almas que nos puso Dios,
hicimos un alma sola.
1280   Esto desde tiernos años,
porque con los dos nació
este amor, que hoy acabó
a manos de sus engaños.
    Tanto pudo la ambición
1285   del estado que ha perdido.

CASANDRA   Pésame de que haya sido,
Aurora, por mi ocasión.
    Pero templa tus desvelos
mientras voy a hablar con él,
1290   si bien es cosa crüel
poner en razón los celos.

AURORA   ¿Yo celos?

CASANDRA   Con el marqués,
dice el duque.

AURORA   Vuestra alteza
crea que aquella tristeza
1295   ni es amor, ni celos es.

Vase AURORA.

CASANDRA   Federico.

---

[11] Aurora recalls that, in the past, Federico showered her with the metaphors of love poetry. Now, in contrast, his disinterest is strikingly obvious.

FEDERICO	Mi señora,

dé vuestra alteza la mano
a su esclavo.

CASANDRA   ¿Tú en el suelo?

Conde, no te humilles tanto;

1300 que te llamaré "excelencia."

FEDERICO Será de mi honor agravio,

ni me pienso levantar

sin ella.°   *your hand*

CASANDRA   Aquí están mis brazos.

¿Qué tienes? ¿Qué has visto en mí?

1305 Parece que estás temblando.

¿Sabes ya 'lo que° te quiero?   *how much*

FEDERICO El haberlo adivinado,

el alma lo dijo al pecho,

el pecho al rostro,° causando   *face*

1310 el sentimiento que miras.

CASANDRA Déjanos solos un rato,

Batín, que tengo que hablar

al conde.

BATÍN   *(Aparte)* ¡El conde turbado,

y hablarle Casandra a solas!

No lo entiendo.

Vase BATÍN.

1315 FEDERICO   *(Aparte)* ¡Ay cielo! en tanto

que muero Fénix,[12] poned

---

[12] The phoenix is a mythical bird who lives for many years, builds a special nest when it feels that death is imminent, is consumed by a fire that ignites within the nest, and then is resurrected from its own ashes. Comparing himself to the phoenix, Federico says that he does not want to die from the flames of love, only to be reborn and thus to suffer eternally.

	a tanta llama descanso,	
	pues otra vida me espera.	
CASANDRA	Federico, aunque reparo	
1320	en lo que me ha dicho Aurora	
	de tus celosos cuidados	
	después que vino conmigo	
	a Ferrara el marqués Carlos,	
	por quien de casarte dejas,	
1325	apenas me persüado	
	que tus méritos desprecies,	
	siendo, como dicen sabios,	
	desconfianza y envidia;	
	que más tiene de soldado,	
1330	aunque es gallardo el marqués,	
	que de galán cortesano.°	courtly
	De suerte que lo que pienso	
	de tu tristeza y recato°	reserve
	es porque el duque, tu padre,	
1335	se casó conmigo, dando	
	por ya perdida tu acción,°	rights
	a la luz del primero parto,°	birth
	que a sus estados tenías.[13]	
	Y siendo así que yo causo	
1340	tu desasosiego° y pena,	discomfort
	desde aquí te desengaño,	
	que puedes estar seguro	
	de que no tendrás hermanos,	
	porque el duque, solamente	
1345	por cumplir con sus vasallos,	

---

[13] Casandra notes that when she produces an heir, Federico will lose claim to his father's estate. She insists, nonetheless, that this is unlikely to happen, because the duke has shown no interest in her. That is why she employs the verb **desengañar (te desengaño)**; she is revealing the truth of the situation to her stepson.

este casamiento ha hecho;
que sus viciosos regalos,
por no les dar otro nombre,
apenas el breve espacio
1350   de una noche, que a° su cuenta   according to
fue cifra° de muchos años,   sum
mis brazos le permitieron;
que a los deleites pasados
ha vuelto con mayor furia,
1355   roto el freno de mis brazos.
Como 'se suelta° al estruendo°   breaks free, noise
un arrogante caballo
del atambor,° porque quiero   drum
usar de término casto,°   chaste
1360   que del bordado° jaez°   embroidered, harness
va sembrando los pedazos,
allí las piezas del freno
vertiendo° espumosos° rayos,   spitting out, foamy
allí la barba° y la rienda,°   chin, rein
1365   allí las cintas° y lazos;°   ribbons, bows
así el duque, la obediencia
rota al matrimonio santo,
va por mujercillas° viles   hussies
pedazos de honor sembrando.[14]
1370   Allí se deja la fama,
allí los laureles y arcos,°   arches
los títulos y los nombres
de sus ascendientes° claros,   ancestors
allí el valor, la salud
1375   y el tiempo tan mal gastado,

---

[14] The simile is based on the idea that the duke's infidelity, which leaves his honor shattered—coming apart—is like the rein of the bridle on a horse's chin, the pressure of which forces the horse to spit out "foamy rays." Casandra transfers the abstract concept to a visual image.

                    haciendo las noches días
                    en estos indignos pasos;
                    con que sabrás cuán seguro
                    estás de heredar su estado;

1380   o escribiendo yo a mi padre
                    que es, más que esposo, tirano,
                    para que me saque libre
                    del Argel[15] de su palacio,
                    si no anticipa la muerte

1385   breve fin a tantos daños.

      FEDERICO   Comenzando vuestra alteza
                    riñéndome,° acaba en llanto   *reprimanding me*
                    su discurso, que pudiera
                    en el más duro peñasco°   *cliff*

1390   imprimir° dolor. *(Aparte)* (¿Qué es esto? *to leave behind*
                    Sin duda que me ha mirado
                    por hijo de quien la ofende;
                    pero yo la desengaño[16]
                    que no parezca hijo suyo

1395   para tan injustos casos.)
                    Estó° persuadido ansí,   *= estoy*
                    de mi tristeza; me espanto
                    que la atribuyas, señora,

---

[15] During this period, a number of Spanish captives were held in the prisons of Algiers (Argel). The list includes Miguel de Cervantes, author of *Don Quijote*, who spent five years (1575-1580) in captivity and who wrote on the subject in his plays and in "The Captive's Tale" in *Don Quijote*. By way of the figure of metonymy (**metonimia**), the word Argel evokes the idea of imprisonment. Under the present circumstances, the duke's palace has become Casandra's Argel.

[16] Federico is hurt by Casandra's assertion that jealousy and greed motivate him, and he attempts to prove his point, repeating the same words in his aside—**"te desengaño"**—that she has used. He distances himself from his father and from the cruelty and injustice that the duke has perpetrated.

a pensamientos tan bajos.
1400 '¿Ha menester Federico,°   Does Federico need
para ser quien es, estados?
¿No lo son los de mi prima
si yo con ella me caso,
o si la espada por dicha
1405 contra algún príncipe saco
destos confinantes° nuestros,   neighbors
los que me quitan restauro?
No procede mi tristeza
de interés, y aunque 'me alargo°   I hold out
1410 a más de lo que es razón,
sabe, señora, que paso
una vida la más triste
que se cuenta de hombre humano
desde que Amor[17] en el mundo
1415 puso las flechas° al arco.°   arrows, bow
Yo me muero sin remedio,
mi vida se va acabando,
como vela,° poco a poco,   candle
y ruego a la muerte en vano
1420 que no aguarde a que la cera°   wax
llegue al último desmayo,°   swoon
sino que con breve soplo°   puff of air
cubra de noche mis años.
CASANDRA   Detén, Federico ilustre,
1425 las lágrimas; que no ha dado
el cielo el llanto a los hombres,
sino el ánimo gallardo.
Naturaleza el llorar
vinculó° por mayorazgo°   served as a bond,

---

[17] The reference is to Cupid (**Cupido**), the god and personification
of love. Cupid, the son of Venus, the goddess of love, is often depicted
with heart-shaped arrows in his quiver.

1430	en las mujeres, a quien,°	inheritance,
	aunque hay valor, faltan manos.[18]	= quienes
	No en los hombres, que una vez	
	sólo pueden, y es en caso	
	de haber perdido el honor,	
1435	mientras vengan el agravio.	
	¡Mal haya° Aurora, y sus celos,	curses on
	que un caballero bizarro,	
	discreto, dulce y tan digno	
	de ser querido, a una estado	
1440	ha reducido tan triste!	

FEDERICO   No es Aurora; que es engaño.

CASANDRA   Pues, ¿quién es?

FEDERICO   El mismo sol;
que de esas auroras hallo
muchas siempre que amanece.[19]

CASANDRA   ¿Que no es Aurora?

1445 FEDERICO   Más alto
vuela el pensamiento mío.

CASANDRA   ¿Mujer te ha visto y hablado,
y tú le has dicho tu amor,
que puede con pecho ingrato
1450   corresponderte? ¿No miras
que son efetos contrarios,
y proceder de una causa
parece imposible?

FEDERICO   Cuando
supieras tú el imposible,

---

[18] Through the figure of metonymy (evocation), the hands stand for the strength or physical prowess that Casandra argues that women lack. She berates Federico for his tears, which are only permitted to men in crises of dishonor.

[19] As the duke has done earlier, Federico plays on the name of Aurora and its association with dawn.

1455   dijeras que soy de mármol,°   marble
     pues no me matan mis penas,
     o que vivo de milagro.
     ¿Qué Faetonte[20] se atrevió
     del sol al dorado carro,
1460   aquel que[21] juntó con cera,
     débiles plumas infausto,
     que sembradas por los vientos,
     pájaros que van volando
     las creyó el mar, hasta verlas
1465   en sus cristales salados?
     ¿Qué Belerofonte[22] vio
     en el caballo Pegaso
     parecer el mundo un punto
     del círculo de los astros?
1470   ¿Qué griego Sinón[23] metió
     aquel caballo preñado
     de armados hombres en Troya,
     fatal de su incendio parto?

---

[20] This is a second allusion to Phæton, who suffered dire consequences while driving the chariot of the sun.

[21] Icarus (Ícaro), son of Dædalus (Dédalo) was able to fly with wings fabricated by his father from wax (**cera**) and feathers (**plumas**). Against the instructions given to him, the ill-fated (**infausto**) Icarus flew too close to the sun. The feathers melted, and he fell to his death. The remains of the lofty enterprise are now in the salty waters (**cristales salados**) of the sea.

[22] In Greek mythology, Bellepheron, grandson of Sisyphus (Sísifo, he of the rock and the hill), was a slayer of monsters. Bellepheron tamed and made his own the winged horse Pegasus. Decorated and rewarded for his successes, he became arrogant—feeling that he deserved to become a god—and consequently he was punished by Zeus.

[23] Sinon was a Greek warrior who took part in the Trojan War. He played a role in the trick of the wooden horse that allowed for a victory over the Trojans, which brought with it the destruction of the city of Troy. The adjective **preñado** (*pregnant*) is a metaphor for the Greeks hidden in the horse.

	¿Qué Jasón²⁴ tentó° primero	attempted
1475	pasar el mar temerario,	
	poniendo yugo a su cuello	
	los pinos y lienzos de Argos,²⁵	
	que se iguale a mi locura?²⁶	
CASANDRA	¿Estás, Conde, enamorado	
1480	de alguna imagen de bronce,	
	ninfa o diosa de alabastro?²⁷	
	Las almas de las mujeres	
	no las viste jaspe° helado;	jasper (a precious stor
	ligera cortina cubre	
1485	todo pensamiento humano.²⁸	
	Jamás Amor llamó al pecho,	
	siendo con méritos tantos,	
	que no respondiese el alma,	
	"Aquí estoy, pero entrad paso."°	softly

---

²⁴ In another image based on Jason's search for the golden fleece, the reference here is to the intense challenges faced by the bold (**temerario**) hero. **Yugo** (*yoke*) alludes to the hardships of the enterprise and the journey on the sea, and perhaps to the fact that the king who holds the prize says that Jason successfully must yoke the dragon and the two fire-breathing bulls that guard the fleece.

²⁵ Argos is the builder of the ship, the Argo, on which Jason sailed with the aim of capturing the golden fleece. Through metonymy, **pinos** (*pine trees*) and **lienzos** (*cloths*) refer to the ship, constructed of wood and bearing sails.

²⁶ This speech by Federico offers a solid example of the figure of anaphora (**la anáfora**), the repetition of the initial word or words in verses in close approximation. Note the effect produced by the repeated use of **¿Qué…?**

²⁷ There are abundant myths and stories about men who fall in love with statues. A clear example is the story of Pygmalion (Pigmalión) and Galatea.

²⁸ Casandra argues that women do not hide their thoughts, but rather show what they are feeling. Only a light curtain or veil (**ligera cortina**) separates their thoughts from their sentiments. Thus, women hardly are analogous to hard stones, such as jasper.

		Dile tu amor, sea quien fuere,	

1490   Dile tu amor, sea quien fuere,
                       que no sin causa pintaron
                       a Venus 'tal vez° los griegos   at times
                       rendida a un sátiro y fauno.²⁹
                       Más alta será la luna,
1495   y de su cerco argentado
                       bajó por Endimïón³⁰
                       mil veces al monte Latmo.
                       Toma mi consejo, Conde;
                       que el edificio más casto
1500   tiene la puerta de cera.
                       Habla, y no mueras callando.
     FEDERICO   El cazador° con industria°   hunter, ingenuity
                       pone al pelícano indiano
                       fuego alrededor del nido,°   nest
1505   y él, descendiendo de un árbol,
                       para librar a sus hijos
                       bate° las alas° turbado,   beats, wings
                       con que más enciende el fuego
                       que piensa que está matando.
1510   Finalmente se le queman,
                       y sin alas, en el campo
                       se deja coger, no viendo

---

²⁹ The satyr and the faun were woodland deities, often associated with lascivious behavior. Illustrations show them as men with some features of horses and goats.

³⁰ The mythological Endymion was an exceptionally handsome youth, in some accounts the son of Jupiter, who tended his flocks on Mount Latmos. Diana, the moon goddess, known as cold of heart, observed him sleeping and her resistance melted. She kissed him and watched over him as he slept. The moon is often depicted as having a silver halo (**cerco argentado**) or ring around it. In times past, the moon was believed to have been made of silver.

que era imposible volando.[31]
Mis pensamientos, que son
1515   hijos de mi amor, que guardo
en el nido del silencio,
se están, señora, abrasando.
Bate las alas amor,
y enciéndelos por librarlos.
1520   Crece el fuego, y él se quema.
Tú me engañas, yo me abraso;
tú me incitas, yo me pierdo;
tú me animas, yo me espanto;
tú me esfuerzas, yo me turbo;
1525   tú me libras, yo 'me enlazo;°   I tie myself up
tú me llevas, yo me quedo;
tú me enseñas, yo 'me atajo;°   I am filled with fear
porque es tanto mi peligro,
que juzgo por menos daños,
1530   pues todos ha de ser morir,
morir sufriendo y callando.[32]

Vase FEDERICO.

CASANDRA   No ha hecho en la tierra el cielo
cosa de más confusión
que fue la imaginación
1535   para el humano desvelo.
Ella vuelve el fuego en hielo,
y en el color° se transforma   aspect
del deseo, donde forma
guerra, paz, tormenta y calma;

---

[31] Note how Federico introduces his plaint with the anecdote of the
capture of the pelican through the use of fire.

[32] The anaphora based on **tú me... yo me** in this speech by
Federico is especially pronounced.

1540
    y es una manera de alma
que más engaña que informa.
    Estos escuros° intentos,   = oscuros
estas claras confusiones,
más que me han dicho razones,

1545
me han dejado pensamientos.
¿Qué tempestades los vientos
mueven de más variedades
que estas confusas verdades
en una imaginación?

1550
Porque las del alma son
las mayores tempestades.
    Cuando a imaginar me inclino
que soy lo que quiere el conde,
el mismo engaño responde

1555
que lo imposible imagino.
Luego mi fatal destino[33]
me ofrece mi casamiento,
y en lo que siento, consiento;
que no hay tan grande imposible

1560
que no le juzguen visible
'los ojos del pensamiento.°   i.e., the imagination
    Tantas cosas se me ofrecen
juntas, como esto ha caído
sobre un bárbaro marido,

1565
que pienso que me enloquecen.
Los imposibles parecen

---

[33] Here, in Casandra's speech on the power of the imagination, and in many passages throughout the play, one has a sense of an acknowledgment, on the part of Lope and his characters, of the "fatal destiny" that is an overriding force in the tragic drama of classical antiquity. Honor, vengeance, and a feminine perspective are factors in the equation, as well. The seriousness of the situation does not preclude Lope from using a word play "en lo que siento, consiento": whatever Casandra feels or regrets, she must accept because of her marriage vows.

fáciles, y yo, engañada,
ya pienso que estoy vengada;
mas siendo error tan injusto,

1570   a la sombra de mi gusto
estoy mirando su espada.

   Las partes° del conde son   qualities
grandes, pero mayor fuera
mi desatino, si diera

1575   puerta a tan loca pasión.
No más, necia confusión.
Salid, cielo, a la defensa,
aunque no yerra quien piensa;
porque en el mundo no hubiera

1580   hombre con honra si fuera
ofensa pensar la ofensa.

   Hasta agora no han errado
ni mi honor ni mi sentido,
porque lo que he consentido,

1585   ha sido un error pintado.
Consentir lo imaginado,
para con Dios es error,
mas no para el deshonor;
que diferencian intentos

1590   el ver Dios los pensamientos
y no los ver el honor.

Sale AURORA.

AURORA   Larga plática ha tenido
vuestra alteza con el conde.
¿Qué responde?

CASANDRA   Que responde

1595   a tu amor agradecido.
Sosiega, Aurora, sus celos,
que esto pretende, no más.

Vase CASANDRA.

AURORA

¡Qué tibio consuelo das
a mis ardientes celos!

1600   ¡Que pueda tanto en un hombre
que adoró mis pensamientos,
ver burlados los intentos
de aquel ambicioso nombre
con que heredaba a Ferrara!

1605 Tú eres poderoso, Amor.
Por ti ni en vida, ni honor,
ni aun en alma se repara.
  Y Federico se muere,
que me solía querer,

1610 con la tristeza de ver
lo que de Casandra infiere.
  Pero, pues él ha fingido
celos por disimular
la ocasión, y despertar

1615 suelen el amor dormido,
  quiero dárselos de veras,
favoreciendo al marqués.[34]

Salen RUTILIO *y* EL MARQUÉS.

RUTILIO Con el contrario que ves,

1620 en vano remedio esperas
de tus locas esperanzas.[35]

MARQUÉS Calla, Rutilio, que aquí

---

[34] Aurora feels that Federico has feigned jealousy of the marquis.
Now she hopes to inspire real jealousy in him.

[35] Rutilio tells his master that his pursuit of Aurora is in vain, since
the rival (**contrario**, that is, Federico) is so formidable.

	está Aurora.	
RUTILIO	Y tú sin ti,	
	firme entre tantas mudanzas.°	changes of heart
MARQUÉS	Aurora del claro día[36]	
1625	en que te dieron mis ojos,	
	con toda el alma en despojos,°	ruins
	la libertad que tenía;	
	Aurora, que el sol envía	
	cuando en mi pena anochece,	
1630	por quien ya cuanto florece	
	viste colores hermosas,	
	pues entre perlas y rosas	
	de tus labios amanece;	
	desde que de Mantua vine,	
1635	hice con poca ventura	
	elección de tu hermosura,	
	que no hay alma 'que no incline.°	show favor toward an object
	¡Qué mal mi engaño previne,	
	puesto que el alma te adora,	
1640	pues sólo sirve, señora,	
	de que te canses de mí,	
	hallando mi noche en ti,	
	cuando te suspiro,° Aurora!	I sigh for
	No el verte desdicha ha sido,	
1645	que ver luz nunca lo fue,	
	sino que mi amor te dé	
	causa para tanto olvido.	
	Mi partida he prevenido,	
	que es el remedio mejor:	
1650	fugitivo a tu rigor,	

---

[36] As in earlier speeches of the duke and Federico, this speech of the marquis plays on the name of Aurora and its ties to the dawn. The marquis is also adept at the natural imagery (**perlas, rosas**) of love poetry.

voy a buscar resistencia
en los milagros de ausencia
y en las venganzas de amor.
　Dame licencia y la mano.
1655　AURORA　No se morirá de triste
el que tan poco resiste,
ni galán ni cortesano,°　　　　　　　　　　　courtier
　Marqués, el primer desdén;[37]
que no están hechos favores
1660　para primeros amores
antes que se quiera bien.
　Poco amáis, poco sufrís,
pero en tal desigualdad,
con la misma libertad
1665　que licencia me pedís,
　os mando que no os partáis.
MARQUÉS　Señora, a tan gran favor,
aunque parece rigor,
con que esperar me mandáis,
1670　no los diez años que a Troya
cercó el griego,[38] ni los siete
del pastor, a quien promete
Labán[39] su divina joya,

---

[37] Aurora encourages the marquis to persist in his suit, for love cannot be easily given or received. He is quick to respond, offering examples of steadfastness. The courtly love tradition features the convention of the lady's initial resistance, so that the suitor can have the opportunity to show his love and his persistence.

[38] The legendary Trojan War lasted for ten years. The use of **griego** is the sense of **los griegos** (*the Greeks*) is an example of the figure of synecdoche (**la sinécdoque**), the part for the whole, or, less frequently, the whole for the part.

[39] In the Old Testament, Laban was the father of Rachel and Leah. Jacob, son of Isaac and Rebekah and nephew of Laban, wished to marry Rachel. Laban agreed, but required that Jacob work for him as a shepherd for seven years before the wedding could take place. After

		pero siglos inmortales,	
1675		como Tántalo⁴⁰ estaré	
		entre la duda y la fe	
		de vuestros bienes y males.	
		Albricias quiero pedir	
		a mi amor de mi esperanza.	
1680	AURORA	Mientras el bien no se alcanza	
		méritos tiene el sufrir.	

Salen EL DUQUE, FEDERICO
y BATÍN.

DUQUE	Escríbeme el Pontífice° por ésta	Pope
	que luego a Roma parta.	
FEDERICO	¿Y no dice la causa en esa carta?	
1685 DUQUE	Que sea la respuesta,	
	Conde, partirme 'al punto.°	right away
FEDERICO	Si lo encubres,° señor, no lo pregunto.	you conceal
DUQUE	¿Cuándo te encubro yo, Conde, mi	
	pecho?	
	Sólo puedo decirte que sospecho	
1690	que con las guerras que en Italia tiene,	
	si numeroso ejército previene,	
	podemos presumir que hacerme intenta	
	general de la Iglesia; que a mi cuenta	

Jacob complied, Laban tricked him into marrying the older daughter
Leah, and Jacob had to work an additional seven years in order to marry
Rachel.

⁴⁰ Tantalus was a mythological figure, once favored by the gods, who
angered them by his actions. His punishment was to be close to what he
desired, yet to find it eternally beyond his reach. Water flowed at his feet,
but when he tried to touch it, the water vanished. Fruit and other
tempting items were above him, seemingly close enough to savor, but
when he sought to satisfy his hunger, the food proved to be too high to
grab onto.

		también querrá que con dinero ayude,
1695		si no es que en la elección de intento
		mude.[41]
	FEDERICO	No en vano lo que piensas me encubrías,
		si solo te partías,
		que ya será conmigo; que a tu lado
		no pienso que tendrás mejor soldado.

1700 DUQUE Eso no podrá ser, porque no es justo,
Conde, que sin los dos mi casa quede.
Ninguno como tú regirla° puede;   to take charge of it
esto es razón, y basta ser mi gusto.

FEDERICO No quiero darte, gran señor, disgusto,
1705 pero, en Italia, ¿qué dirán si quedo?

DUQUE Que esto es gobierno, y que sufrir no puedo
aun de mi propio hijo compañía.

FEDERICO Notable prueba en la obediencia mía.

Vase EL DUQUE.

BATÍN Mientras con el duque hablaste
1710 he reparado en que Aurora,
sin hacer caso de ti,
con el marqués habla a solas.

FEDERICO ¿Con el marqués?

BATÍN   Sí, señor.

FEDERICO ¿Y qué piensas tú que importa?

AURORA, aparte con EL MARQUÉS
y RUTILIO

---

[41] The duke has been summoned by the Pope to serve as a military leader and to offer financial support. Federico would like to accompany him, but the duke offers reasons why his son should remain to watch over the household.

1715	AURORA	Esta banda° prenda sea	sash
		del primer favor.	
	MARQUÉS	Señora,	
		será cadena en mi cuello,	
		será de mi mano esposa,°	handcuff
		para no darla en mi vida.	
1720		Si queréis que me la ponga,	
		será doblado el favor.	
	AURORA	*(Aparte)* (Aunque es venganza amorosa,	
		parece a mi amor agravio.)	
		Porque de dueño mejora,	
1725		os ruego que os la pongáis.	
	BATÍN	Ser las mujeres traidoras	
		fue de la naturaleza	
		invención maravillosa,	
		porque, si no fueran falsas	
1730		(algunas digo, no todas),	
		idolatraran en ellas	
		los hombres que las adoran.	
		¿No ves la banda?	
	FEDERICO	¿Qué banda?	
	BATÍN	¿Qué banda? ¡Graciosa cosa!	
1735		Una que lo fue del sol,	
		cuando lo fue de una sola	
		en la gracia y la hermosura,	
		planetas con que se adorna,	
		y agora como en eclipse,	
1740		del Dragón[42] lo extremo toca.	

---

[42] Draco, from the Latin for *dragon*, is a constellation whose tail ("extremo") is farthest from the sun. One of the dragons in mythology had the task of guarding the tree that bore the golden apples alluded to in the following verses. Batín, who has spoken of women as natural-born traitors, is stating that the ribbon given to the marquis by Aurora once adorned the sun. Now, worn by him, the ribbon is blocking the sun, as

	Yo me acuerdo cuando fuera
	la banda de la discordia,
	como la manzana de oro
	de Paris y las tres diosas.[43]
1745 FEDERICO	Eso fue entonces, Batín,
	pero es otro tiempo agora.
AURORA	Venid al jardín conmigo.

Vanse AURORA, EL MARQUÉS
y RUTILIO.

BATÍN	¡Con qué libertad la toma	
	de la mano y se van juntos!	
1750 FEDERICO	¿Qué quieres, si se conforman	
	las almas?	
BATÍN	¿Eso respondes?	
FEDERICO	¿Qué quieres que te responda?	
BATÍN	Si un cisne no sufre al lado	
	otro cisne y 'se remonta°	moves upstream
1755	con su prenda° muchas veces	love object
	a las extranjeras ondas,	
	y un gallo, si al de otra casa	
	con sus gallinas le topa,	

---

would an eclipse.

[43] The reference is to the mythological episode of the judgment of Paris. Having felt snubbed, the goddess of discord brings chaos by tossing a golden apple inscribed "to the fairest of the goddesses." The candidates are Hera (Juno, queen of the gods), Athena (Minerva, goddess of wisdom), and Aphrodite (Venus, goddess of beauty). Zeus (Jupiter) gives the task of making the selection to the mortal Paris. Each of the goddesses endeavors to bribe Paris, and Aphrodite, who has promised him the most beautiful woman in the world, is chosen the winner. The prize for Paris is Helen of Troy, and the ensuing attempt to rescue Helen is a major cause of the Trojan War. Batín's emphasis is clearly on the theme of discord.

	con el suyo le deshace	
1760	los picos° de la corona,°	peaks, crest
	y encrespando° su turbante,	ruffling
	turco por la barba roja,[44]	
	celoso vencerle intenta	
	hasta en la 'nocturna solfa,°	crowing sounds
1765	¿cómo sufres que el marqués	made at night
	a quitarte se disponga	
	prenda que tanto quisiste?	
FEDERICO	Porque la venganza propia	
	para castigar las damas,	
1770	que a los hombres ocasionan,°	endanger
	es dejarlas con su gusto,	
	porque aventura la honra	
	quien la pone en sus mudanzas.	
BATÍN	Dame, por Dios, una copia	
1775	de ese arancel° de galanes;	code of rules and
	tomaréle° de memoria.	regulations, I'll learn i
	No, Conde. Misterio tiene	
	tu sufrimiento, perdona;	
	que pensamientos de amor	
1780	son arcaduces° de noria:°	buckets, waterwheel
	ya deja el agua primera	
	el que la segunda toma.	
	Por nuevo cuidado dejas	
	el de Aurora; que si sobra	
1785	el agua, ¿cómo es posible	

---

[44] Batín uses examples from the animal kingdom to spur Federico to fight for what should be his. The metaphor in the passage, relating to the rooster, is based on the red crest, or comb, which Batín compares to the red beard (**la barba roja**) attributed to the Turk. The roosters use their beaks (**picos**) to bite the pointed parts (**picos**) of their opponents' crests. Note that Barbarroja in Spanish refers to the pirate and later Ottoman admiral of the sixteenth century, Barbarrosa, called Redbeard in English.

	que pueda ocuparse de otra?	
FEDERICO	'Bachiller estás,[45] Batín,	
	pues con fuerza cautelosa°	cautious
	lo que no entiendo de mí	
1790	a presumir te provocas.	
	Entra, y mira qué hace el duque,	
	'y de partida te informa°	= e infórmate de su
	porque vaya acompañarle.	**partida** *departure*
BATÍN	Sin causa necio me nombras,	
1795	porque abonar tus tristezas	
	fuera más necia lisonja.[46]	

Vase BATÍN.

FEDERICO	¿Qué buscas, imposible pensamiento?	
	Bárbaro, ¿qué me quieres? ¿Qué me	
	incitas?	
	¿Por qué la vida sin razón me quitas,	
1800	donde volando aun no te quiere el viento?	
	Detén el vagaroso° movimiento,	errant
	que la muerte de entrambos solicitas.	
	Déjame descansar, y no permitas	
	tan triste fin a tan glorioso intento.	
1805	No hay pensamiento, si rindió°	it yielded
	despojos,	
	que sin determinado fin se aumente,	
	pues dándole esperanzas, sufre enojos.	
	Todo es posible a quien amando intente,	

---

[45] A **bachiller** has an academic degree, something on the order of a high school diploma. Federico says that Batín is acting in an impertinent manner, that he is overstepping his boundaries by prying and by articulating his opinions.

[46] Offended by Federico's admonition, Batín says that he is better serving his master by refusing to support or subscribe to (**abonar**) the matters that are causing the count's sadness (**tristezas**) than by pretending not to notice them.

y sólo tú naciste de mis ojos,
1810   para ser imposible eternamente.[47]

Sale CASANDRA.

CASANDRA   *(Aparte)* Entre agravios y venganzas
anda solícito° amor,   cautiously
después de tantas mudanzas,
sembrando contra mi honor
1815   mal nacidas esperanzas.
En cosas inaccesibles[48]
quiere poner fundamentos,
como si fuesen visibles;
que no puede haber contentos
1820   fundado en imposibles.
En el ánimo° que inclino   spirit
al mal, por tantos disgustos
del duque, loca imagino
hallar venganzas y gustos
1825   en el mayor desatino.
Al galán conde y discreto,
y su hijo, ya permito
para mi venganza efeto,
pues para tanto delito
1830   conviene tanto secreto.
Vile turbado, llegando

---

[47] Federico's soliloquy, in the form of a sonnet, is an example of the figure of apostrophe (**el apóstrofe**), in which the speaker directs his or her words to a person or object, in this case to thought. The final verse captures the count's pessimism. Note that the actress's rehearsal speech early in the play is also an apostrophe to thought.

[48] Casandra's emphasis on the unattainable (**cosas inaccesibles**) echoes Federico's **ser imposible eternamente** of the previous speech. Pleasure, vengeance, honor, love, and sin commingle in her reflections, in which Federico becomes the common denominator.

a decir su pensamiento,
y desmayarse temblando,
aunque es más atrevimiento
1835   hablar un hombre callando.
    Pues de aquella turbación
tanto el alma satisfice,°   I calmed
dándome el duque ocasión,
que hay dentro de mí quien dice
1840   que si es amor, no es traición.
    Y que cuando ser pudiera
rendirme desesperada
a tanto valor, no fuera
la postrera° enamorada,   last
1845   ni la traidora primera.
    A sus padres han querido
sus hijas, y a sus hermanos
algunas;[49] luego no han sido
mis sucesos inhumanos,
1850   ni mi propia sangre olvido.
    Pero no es disculpa igual
que haya otros males, de quien°   = los cuales
me valga en peligro tal;
que para pecar° no es bien   to sin
1855   tomar ejemplo del mal.
    Éste es el conde. ¡Ay de mí!
Pero ya determinada,
¿qué temo?

FEDERICO   *(Aparte)* Ya viene aquí
desnuda la dulce espada[50]

---

[49] Casandra refers here to cases of incest. Federico, of course, is not related to her by blood.

[50] Federico's metaphorical description of Casandra as his "sweet sword" is also an example of the figure of oxymoron (**el oxímoron**), the combination of two contradictory terms. The phrase ironically foreshad-

1860		por quien la vida perdí.	
		¡Oh, hermosura celestial!	
	CASANDRA	¿Cómo te va de tristeza	
		Federico?	
	FEDERICO	En tanto mal,	
		responderé a vuestra alteza	
1865		que es mi tristeza inmortal.	
	CASANDRA	Destemplan° melancolías	affect
		la salud. Enfermo estás.	
	FEDERICO	Traigo unas necias porfías,°	conflicts
		sin que pueda decir más,	
1870		señora, de que son mías.	
	CASANDRA	Si es cosa que yo la puedo	
		remediar, fía de mí,	
		que en amor tu amor excedo.	
	FEDERICO	Mucho fiara de ti,	
1875		pero no me deja el miedo.	
	CASANDRA	Dijísteme que era amor	
		tu mal.	
	FEDERICO	Mi pena y mi gloria	
		nacieron de su rigor.	
	CASANDRA	Pues oye una antigua historia,	
1880		que el amor quiere valor:	
		Antíoco,[51] enamorado	

---

ows the play's ending.

[51] In the late third century B.C.E., the prince Antiochus, son of King Seleucus I (**Seleuco**), fell madly in love with his youthful stepmother Stratonice (**Estratónice**), and, suffering in silence, he was so unnerved by his feelings that he became ill. Concerned about the prince's health, the king summoned the physicians of the realm for their diagnoses. The great Erasistratus, a true medical pioneer whom Lope (through Casandra) calls Eróstrato, figures out the case by testing Antiochus's pulse when a number of attractive young woman come into contact with the prince and thereby realizing that his heart beat far faster when his stepmother was near. The anecdote is recounted by the Roman writer Pliny the

	de su madrastra, enfermó
	de tristeza y de cuidado.
FEDERICO	Bien hizo si se murió,
1885	que yo soy más desdichado.
CASANDRA	El rey su padre, afligido,
	cuantos médicos tenía
	juntó, y fue tiempo perdido,
	que la causa no sufría
1890	que fuese amor conocido.

Mas Eróstrato, más sabio
que Hipócrates y Galeno,
conoció luego su agravio;
pero que estaba el veneno

1895   entre el corazón y el labio.

    Tomóle el pulso, y mandó
que cuantas damas había
en palacio entrasen.

FEDERICO   Yo

presumo, señora mía,

1900   que algún espíritu habló.

CASANDRA   Cuando su madrastra entraba,
conoció en la alteración
del pulso, que ella causaba
su mal.

FEDERICO   ¡Extraña invención!

1905 CASANDRA Tal en el mundo se alaba.

FEDERICO   ¿Y tuvo remedio ansí?

CASANDRA No niegues, Conde, que yo
he visto lo mismo en ti.

FEDERICO Pues, ¿enojaráste?°   will you get angry?

Elder, among others. In order to underscore her praise and to make her
point stronger, Casandra calls Erasistratus wiser than two extraordinarily
noteworthy Greek physicians of antiquity, Hippocrates (**Hipócrates**) and
Galen (**Galeno**).

CASANDRA	No.
FEDERICO	¿Y tendrás lástima?
1910 CASANDRA	Sí.
FEDERICO	Pues, señora, yo he llegado

perdido a Dios el temor
y al duque, a tan triste estado,
que éste mi imposible amor
1915   me tiene desesperado.

En fin, señora, me veo
sin mí, sin vos, y sin Dios.
Sin Dios, por lo que os deseo;
sin mí, porque estoy sin vos;
1920   *sin vos, porque no os poseo.*[52]

Y por si no lo entendéis,
haré sobre estas razones
un discurso, en que podréis
conocer de mis pasiones
1925   la culpa que vos tenéis.

Aunque dicen que el no ser
es, señora, el mayor mal,
tal por vos me vengo a ver,
que para no verme tal,
1930   quisiera dejar de ser.

En tantos males 'me empleo,°   I occupy myself
después que mi ser perdí,

---

[52] Federico's speech is an example of the poetic form known as the **glosa**, which can be seen in the *cancioneros* of the fifteenth century and beyond. The poet takes existing verses and expands upon them, with repetition of each of the verses at the end of a stanza. One can note, in this chant of desperation and feeling of loss, the convention known as love's heresy (**la herejía del amor**), given that, while the speaker invokes God, he also stresses that he has converted the love object into a type of god, as in **os tengo por dios**. The rhyme includes the final word of each of the original verses (for example, **empleo-deseo-<u>veo</u> and dos-vos-Dios**).

que aunque no verme deseo,
para ver si soy quien fui,
1935   *en fin, señora, me veo.*
    A decir que soy quien soy,
tal estoy, que no me atrevo,
y por tales pasos voy,
que aun no me acuerdo que debo
1940   a Dios la vida que os doy.
    Culpa tenemos los dos,
del no ser que soy agora,
pues olvidado por vos
de mí mismo, estoy, señora,
1945   *sin mí, sin vos y sin Dios.*
    Sin mí no es mucho, pues ya
no hay vida sin vos, que pida
al mismo que me la da;
pero sin Dios, con ser vida,
1950   ¿quién sino mi amor está?
    Si en desearos me empleo,
y él manda no desear
la hermosura que en vos veo,
claro está que vengo a estar
1955   *sin Dios, por lo que os deseo.*
    ¡Oh, qué loco barbarismo
es presumir conservar
la vida en tan ciego abismo°   abyss
hombre que no puede estar
1960   ni en vos, ni en Dios, ni en sí mismo!
    ¿Qué 'habemos de hacer los dos,°   can the two of us do
pues a Dios por vos perdí,
después que os tengo por dios,
sin Dios, porque estáis en mí,
1965   *sin mí, porque estoy sin vos?*
    Por haceros sólo bien,
mil males vengo a sufrir;

yo tengo amor, vos desdén,
tanto, que puedo decir:

1970 ¡mirad con quién y sin quién!
  Sin vos y sin mí peleo°   I struggle
con tanta desconfianza.
Sin mí porque en vos ya veo
imposible mi esperanza;

1975 *sin vos, porque no os poseo.*

CASANDRA   Conde, cuando yo imagino
a Dios y al duque, confieso
que tiemblo, porque adivino
juntos para tanto exceso

1980 poder humano y divino.
  Pero viendo que el amor
halló en el mundo disculpa,
hallo mi culpa menor,
porque hace menor la culpa

1985 ser la disculpa mayor.[53]
  Muchas ejemplo me dieron,
que a errar se determinaron,
porque los que errar quisieron
siempre miran los que erraron,

1990 no los que se arrepintieron.
  Si remedio puede haber,
es hüir de ver y hablar,
porque, con no hablar ni ver,
o el vivir se ha de acabar,

---

[53] Though it is profoundly difficult, Casandra seeks to justify her feelings. She says that actions taken on behalf of love often have found a rationale or have been excused, yet it may be valuable to look, for models, at those who have repented rather than at those who have transgressed. Her suggested remedy is flight, but her expression shows inner conflict and indecision. Note that this crucial speech, which follows the *glosa*, is replete with wordplays.

1995	o el amor se ha de vencer.
	Huye de mí, que de ti
	yo no sé si hüir podré,
	o me mataré por ti.

FEDERICO   Yo, señora moriré,

2000   que es lo más que haré por mí.

No quiero vida. Ya soy
cuerpo sin alma, y de suerte
a buscar mi muerte voy,
que aun no pienso hallar mi muerte,

2005   por el placer que me doy.

Sola una mano suplico
que me des; dame el veneno
que me ha muerto.[54]

CASANDRA   Federico,

todo principio° condeno,   *course of action*

2010   si pólvora° al fuego aplico.   *gunpowder*

Vete con Dios.

FEDERICO   ¡Qué traición!

CASANDRA   Ya determinada estuve;

pero advertir es razón
que por una mano sube

2015   el veneno al corazón.

FEDERICO   Sirena,[55] Casandra, fuiste.

Cantaste para meterme
en el mar, donde me diste
la muerte.

---

[54] Federico speaks of death in such a way that his metaphorical allusions move closer and closer to the actualization of the metaphor, to the reality of death. The second act ends with death on the lips of Federico and Casandra.

[55] In mythology, the Sirens were seductresses who lured sailors with their bewitching songs and led them to their death. Stories about them abound in literature, including Homer's *Odyssey* and Ovid's *Metamorphoses*.

CASANDRA	Yo he de perderme.
2020	Tente, honor. Fama, resiste.
FEDERICO	Apenas a andar acierto.
CASANDRA	Alma y sentidos perdí.
FEDERICO	¡Oh, qué extraño desconcierto!
CASANDRA	Yo voy muriendo por ti.
2025 FEDERICO	Yo no, porque ya voy muerto.
CASANDRA	Conde, tú serás mi muerte.
FEDERICO	Y yo, aunque muerto, estoy tal
	que me alegro, con perderte,
	que sea el alma inmortal,
2030	por no dejar de quererte.

Vanse los dos.

Acto tercero

Salen AURORA *y* EL MARQUÉS.

AURORA	Yo te he dicho la verdad.
MARQUÉS	No es posible persuadirme.
	Mira si nos oye alguno,
	y mira bien lo que dices.
2035 AURORA	Para pedirte consejo,
	quise, Marqués, descubrirte°
	esta maldad.
MARQUÉS	¿De qué suerte
	ver a Casandra pudiste
	con Federico?
AURORA	Está° atento.
2040	Yo te confieso que quise
	al conde, 'de quien lo fui,°
	más traidor que el griego Ulises.[1]
	Creció nuestro amor el tiempo;
	mi casamiento previne,
2045	cuando fueron por Casandra,
	en fe de palabras firmes,

Marginal glosses:
— descubrirte° · to reveal to you
— Está° · fam. imperative
— 'de quien lo fui,° · who loved me in return
— lo fui = fui querida

---

[1] Ulysses, or Odysseus, was a Greek epic hero, known for his bravery and astuteness, as witnessed in the Trojan War, including the episode of the wooden horse. He is portrayed in impressively heroic terms in both *The Odyssey* and *The Iliad*, traditionally attributed to Homer but now of controversial authorship. The allusion to Ulysses's "traitorous" nature reflects the point of view of the Romans (among them, Virgil in *The Æneid*), who see him as the enemy and who classify him as cruel and deceitful.

si lo son las de los hombres,
cuando sus iguales sirven.[2]
Fue Federico por ella,

2050   de donde vino tan triste,
que en proponiéndole el duque
lo que de los dos le dije,
se disculpó con 'tus celos.°   = celos de ti
Y como el amor permite,

2055   que, cuando camina poco,
fingidos celos le piquen,
díselos contigo, Carlos;[3]
pero el mismo efeto hice
que en un diamante; que celos

2060   donde no hay amor, 'no imprimen.°   don't make an
Pues viéndome despreciada   imprint
y a Federico tan libre,
di en inquirir la ocasión.[4]
Y como celos son linces[5]

2065   que las paredes penetran,
a saber la causa vine.
En correspondencia tiene,
sirviéndole de tapices°   tapestries
retratos, vidrios y espejos,

2070   dos iguales camarines°   closets
el tocador° de Casandra.   dressing-room
Y como sospechas pisen°   may tread
tan quedo, dos cuadras° antes   small rooms

---

[2] Casandra criticizes Federico (and she implicates men in general) for
not having remained true to his word.

[3] Aurora admits to the marquis that she used him to try to "pique"
the interest of Federico. She uses an analogy, based on the diamond, to
describe her lack of success.

[4] **Di en...** *I decided to look into his motive*

[5] The lynx (**el lince**) is a variety of wildcat whose most prominent
feature is its penetrating eyes.

miré y vi ¡caso terrible!
2075 en el cristal de un espejo
que el conde las rosas mide
de Casandra con los labios.[6]
Con esto, y sin alma, fuime
donde lloré mi desdicha
2080 y la de los dos; que viven,
ausente el duque, tan ciegos,
que parece que compiten
en el amor y el desprecio,
y gustan que se publique
2085 el mayor atrevimiento
que pasara entre gentiles,°   pagans
o entre los desnudos cafres°   African brutes
que 'lobos marinos visten.°   dress in seal skins
Parecióme que el espejo
2090 que los abrazos° repite,   embraces
por no ver tan gran fealdad,
escureció° los alindes;[7]   darkened
pero, más curioso amor,
la infame empresa prosigue,
2095 donde no ha quedado agravio
de que no me certifique.
El duque dicen que viene
vitorioso, y que le ciñen°   circle
sacros laureles la frente
2100 por las hazañas° felices   deeds

---

[6] This is a poetic way of saying that, by way of a mirror that reveals a hidden space, she has seen Federico kiss Casandra, whose lips he describes as metaphorical roses.

[7] **Alinde** is quicksilver, or mercury. Because mirrors contain this element, by metonymy **alindes** has the force of *mirrors*. Aurora makes the point that the mirror itself darkened, in order not to further observe the wayward actions of Federico and Casandra.

con que del Pastor de Roma
los enemigos reprime.
Dime, ¿qué tengo de hacer
en tanto mal? Que me afligen
2105   sospechas de mayor daño,
si es verdad que me dijiste
tantos amores con alma;
aunque soy tan infelice,
que parecerás al conde
2110   en engañarme o en irte.
    MARQUÉS   Aurora, la muerte sola
es sin remedio, invencible,
y aun a muchos hace el tiempo
en el túmulo° fenices;°   tomb, pl. of **fénix**
2115   porque dicen que no mueren
los que por su fama viven.
Dile que te case al duque;
que, como el sí me confirmes,
con irnos los dos a Mantua,
2120   no hayas° miedo que peligres.°   = **tengas**, you are in dan-
    Que si se arroja en el mar,   ger
con el dolor insufrible
de los hijos que le quitan
los cazadores, el tigre,
2125   cuando no puede alcanzarlos,
¿qué hará el ferrarés° Aquiles[8]   from Ferrara
por el honor y la fama?

---

[8] The Greek hero Achilles was a major figure in the Trojan War and a protagonist of *The Iliad*. The duke is, then, the "Ferraran Achilles." The marquis, who has offered to take Casandra to Mantua with him, equates the grief that the duke will feel upon learning of the treachery to that of the tiger, who hurls itself into the sea when it has been unable to protect its offspring from hunters. The duke will have to cleanse his blemished honor.

	¿Cómo quieres que se limpie	
	tan fea mancha° sin sangre,	stain
2130	para que jamás se olvide,	
	si no es que primero el cielo	
	sus libertades castigue,	
	y por gigantes de infamia	
	con vivos rayos fulmine?°	strikes down
2135	Este consejo te doy.	
AURORA	Y de tu mano le admite	
	mi turbado pensamiento.	
MARQUÉS	Será de la nueva Circe⁹	
	el espejo de Medusa,¹⁰	
2140	el cristal en que la° viste.	= Casandra

Salen FEDERICO *y* BATÍN.

FEDERICO	¿Que no ha querido esperar	
	que salgan a recibirle?	
BATÍN	Apenas de Mantua vio	
	los deseados confines,°	boundary lines
2145	cuando dejando la gente,	
	y aun sin querer que te avisen,	
	tomó caballos y parte.	
	Tan mal el amor resiste,	
	y los deseos de verte,	
2150	que, aunque es justo que le obligue	
	la duquesa, no hay amor	

---

⁹ Circe was a sorceress with transformative powers. She plays a role in *The Odyssey*, enchanting Odysseus's men (quite literally, by turning them into pigs) and enchanting the hero figuratively, and he spends a year with her.

¹⁰ Medusa, one of three Gorgons, was a mythological trouble-maker and wreaker of havoc. She was slain by Perseus (Perseo), who used a mirrored shield to see her image rather than face her directly, to avoid being turned into stone.

	a quien el tuyo no prive.°	take precedent
	Eres el sol de sus ojos,	
	y cuatro meses de eclipse	
2155	le han tenido sin paciencia.	
	Tú, Conde, el triunfo apercibe[11]	
	para cuando todos vengan;	
	que las escuadras que rige	
	han de entrar con mil trofeos,	
2160	llenos de dorados timbres.°	insignias

FEDERICO   Aurora, ¿siempre a mis ojos
           con el marqués?

AURORA   ¡Qué donaire!

FEDERICO   ¿Con ese tibio° desaire°   lukewarm, rebuff
           respondes a mis enojos?

2165 AURORA   Pues, ¿qué maravilla ha sido
              el darte el marqués cuidado?
              Parece que has despertado
              de cuatro meses dormido.

MARQUÉS   Yo, señor conde, no sé
2170   ni he sabido que sentís
             lo que agora me decís;
             que a Aurora he servido en fe
             de no haber competidor,
             y más como vos lo fuera,
2175   a quien humilde rindiera
             cuanto no fuera mi amor.
             Bien sabéis que nunca os vi
             servirla; mas siendo gusto
             vuestro que la deje es justo,
2180   que mucho mejor que en mí

---

[11] **El triunfo...** *get ready for the triumphant entry*

se emplea en vos su valor.[12]

Vase EL MARQUÉS.

AURORA   ¿Qué es esto que has intentado?
              O, ¿qué frenesí te ha dado
              sin pensamiento de amor?
2185   ¿Cuántas veces al marqués
              hablando conmigo viste,
              desde que diste en ser triste,
              y mucho tiempo después?
                Y aun no volviste a mirarme,
2190   cuanto más a divertirme.
              ¿Agora celoso y firme,
              cuando pretendo casarme?
                Conde, ya 'estás entendido.°   I understand you
              Déjame casar, y advierte
2195   que antes me daré la muerte,
              que ayudar lo que has fingido.
                Vuélvete, Conde, a estar triste,[13]
              vuelve a tu suspensa° calma;   delayed
              que tengo muy en el alma
2200   los desprecios que me hiciste.
                Ya no me acuerdo de ti.
              ¿Invenciones? ¡Dios me guarde!°   God protect me!
              Por tu vida, que es muy tarde
              para valerte de mí.

Vase AURORA.

---

[12] The marquis ironically cedes to Federico. He says that he had not noticed the count's attentions to Aurora, but, since Federico is the better man, he will take his leave.

[13] Aurora alludes to the manipulation of the real melancholy (and its causes) and the feigned melancholy of her cousin.

BATÍN	¿Qué has hecho?
2205 FEDERICO	No sé, por Dios.
BATÍN	Al emperador Tiberio[14]
	pareces, si no hay misterio
	en dividir a los dos.
	Hizo matar su mujer,
2210	y habiéndose ejecutado,
	mandó, a la mesa sentado,
	llamarla para comer.
	Y Mesala[15] fue un romano
	que se le olvidó su nombre.
2215 FEDERICO	Yo me olvido de ser hombre.
BATÍN	O eres como aquel villano
	que dijo a su labradora,
	después que de estar casados
	eran dos años pasados,
2220	"¡Ojinegra° es la señora!" = de ojos negros
FEDERICO	¡Ay, Batín, que estoy turbado
	y olvidado desatino![16]

---

[14] The third wife of the Roman emperor Claudius, whose full name was Tiberius Claudius Cæsar Augustus Germanicus, was Valeria Messalina, known as Messalina. Messalina seems to have been both promiscuous and politically unfaithful. She conspired against the interests of her husband, and this led to her death, as arranged by the emperor. In an anecdote recounted by the historians Tacitus and Suetonius, Claudius was at a dinner when he received the announcement of her death and, without emotion, he requested more wine. According to Batín's version, after the execution Claudius (**Tiberio**) was seated at the table and ordered her to be called to dine. Scholars have pointed out that Lope appears to have confused Claudius with the emperor Tiberius (Tiberius Julius Cæsar Augustus).

[15] Marcus Valerius Messala Corvinus was a Roman politician and orator. The historian Pliny the Elder reports that during the last years of his life, Messala was without his judgment and memory, and that in time he forgot his own name.

[16] **Olvidando desatino** *forgetfulness is making me rant*

BATÍN	Eres como el vizcaíno°	Basque
	que dejó el macho° enfrenado,°	male horse, bridled
2225	y viendo que no comía,	
	regalándole° las clines,°	petting, mane
	un Galeno de rocines[17]	
	trujo a ver lo que tenía;	
	el cual, viéndole con freno,	
2230	fuera al vizcaíno echó;	
	quitóle, y cuando volvió,	
	de todo el pesebre° lleno	manger
	apenas un grano había,	
	porque con gentil despacho,°	efficiency
2235	después de la paja° el macho	hay
	hasta el pesebre comía.	
	"Albéitar,° juras a Dios,"[18]	veterinarian
	dijo, "es mejor que dotora,	
	y yo y macho desde agora	
2240	queremos curar con vos."	
	¿Qué freno es éste que tienes,	
	que no te deja comer,	
	si médico puedo ser?	
	¿Qué aguardas? ¿Qué te detienes?[19]	
2245 FEDERICO	¡Ay, Batín, no sé de mí!	
BATÍN	Pues estése la cebada°	barley
	queda,° y no me digas nada.	uneaten

Salen CASANDRA y LUCRECIA.

---

[17] By metonymy, a "Galen of horses" would be a horse doctor. The Greek physician Galen is mentioned in Casandra's earlier anecdote regarding Antiochus.

[18] **Juras a...** *I swear to God*

[19] Batín is attempting to be of aid to Federico, whom he encourages to bare his soul. He takes recourse to the anecdote of the Biscayan who forgets to take off his horse's bridle and bit, and then calls on the veterinarian to discover why the horse is not eating.

CASANDRA	¿Ya viene?
LUCRECIA	Señora, sí.
CASANDRA	¿Tan brevemente?°

quickly

LUCRECIA	Por verte

2250 toda la gente dejó.

CASANDRA No lo creas, pero yo
más quisiera ver mi muerte.
En fin, señor Conde, ¿viene
el duque, mi señor?

FEDERICO Ya

2255 dicen que muy cerca está;
bien muestra el amor que os tiene.

CASANDRA Muriendo estoy de pesar
de que ya no podré verte
como solía.

FEDERICO *(Aparte)* ¿Qué muerte

2260 pudo mi amor esperar,
como su cierta venida?

CASANDRA Yo pierdo, Conde, el sentido.

FEDERICO Yo no, porque le he perdido.

CASANDRA Sin alma estoy.

FEDERICO Yo sin vida.

CASANDRA ¿Qué habemos de hacer?

2265 FEDERICO Morir.

CASANDRA ¿No hay otro remedio?

FEDERICO No,
porque en perdiéndote yo,
¿para qué quiero vivir?

CASANDRA ¿Por eso me has de perder?

2270 FEDERICO Quiero fingir desde agora
que sirvo y que quiero a Aurora
y aun pedirla por mujer
al duque, para desvelos
de él y de palacio, en quien

2275 yo sé que no se habla bien.

CASANDRA	¡Agravios! ¿No bastan celos?
	¿Casarte? ¿Estás, Conde, 'en ti?° *in your right mind*
FEDERICO	El peligro de los dos
	me obliga.
CASANDRA	¿Qué? ¡Vive Dios!
2280	Que si te burlas de mí,
	después que has sido ocasión
	desta desdicha, que 'a voces° *loudly*
	diga ¡oh, qué mal me conoces!
	tu maldad y mi traición.
FEDERICO	¡Señora!
2285 CASANDRA	No hay qué tratar.
FEDERICO	¡Que te oirán!
CASANDRA	Que no me impidas.
	Quíteme el duque mil vidas,
	pero no te has de casar.²⁰

Salen FLORO, FEBO, RICARDO,
ALBANO, LUCINDA, y EL DUQUE
detrás, galán, de soldado.

RICARDO	Ya estaban disponiendo recibirte.²¹
2290 DUQUE	Mejor sabe mi amor adelantarse.
CASANDRA	¿Es posible, señor, que persuadirte
	pudiste a tal agravio?
FEDERICO	Y de agraviarse
	quejosa mi señora la duquesa,
	parece que 'mi amor° puede culparse. *the duke's love for me*
2295 DUQUE	Hijo, el paterno amor, que nunca cesa

---

²⁰ Casandra summarizes her position here. She will not give up
Federico to another woman.

²¹ The dialogue in this scene is predicated on the fact that the duke's
early arrival has caught Casandra and Federico unprepared to greet him
with the formality that they had hoped to provide.

de amar su propia sangre y semejanza,
para venir facilitó la empresa;
que ni cansancio ni trabajo alcanza
a quien de ver a sus queridas prendas
2300 mal hiciera en sufrir larga esperanza.
　　Y tú, señora, así es razón que entiendas
el mismo amor, y en igualarte al conde
por encarecimiento,° no te ofendas.　　lofty praise

CASANDRA 　　Tu sangre y su virtud, señor, responde
2305 que merece el favor. Yo le agradezco,
pues tu valor al suyo corresponde.

DUQUE 　　Bien sé que a entrambos ese amor

　　　　　　　　　　　　　　　　merezco,
y que estoy de los dos tan obligado,
cuanto mostrar en la ocasión me ofrezco.
2310 　　Que Federico gobernó mi estado
en mi ausencia, he sabido, tan discreto,
que vasallo ninguno se ha quejado.
　　En medio de las armas, os prometo
que imaginaba yo con la prudencia
2315 que se mostraba senador perfeto.
　　¡Gracias a Dios, que con infame ausencia
los enemigos del Pastor romano
respetan en mi espada su presencia!
　　Ceñido de laurel besé su mano,
2320 después que me miró Roma triunfante,
como si fuera el español Trajano.[22]
　　Y así, pienso trocar de aquí adelante

---

[22] The popular and successful Roman emperor Trajan (Marcus Ulpius Nerva Traianus) was born in the province of Hispania Bætica, one of three imperial provinces in Hispania (Iberia) and occupying what is now Andalucía.

	la inquietud en virtud,[23] porque mi nombre
	como le aplaude aquí, después le cante,
2325	que cuando llega a tal estado un hombre,
	no es bien que ya que de valor mejora,
	el vicio más que la virtud le nombre.
RICARDO	Aquí vienen, señor, Carlos y Aurora.

Entren AURORA y EL MARQUÉS.

AURORA	Tan bien venido vuestra alteza sea,
2330	como le está esperando quien le adora.
MARQUÉS	Dad las manos a Carlos, que desea
	que conozcáis su amor.
DUQUE	Paguen los brazos
	deudas del alma, en quien tan bien se emplea.
	Aunque siente el amor los largos plazos,
2335	todo lo goza el venturoso día
	que llega a merecer tan dulces lazos.
	Con esto, amadas prendas, yo querría
	descansar del camino, y porque es tarde,
	después celebraréis tanta alegría.
2340 FEDERICO	Un siglo el cielo, gran señor, te guarde.

*Todos se van con EL DUQUE, y quedan
BATÍN y RICARDO.*

BATÍN	¡Ricardo amigo!
RICARDO	¡Batín!
BATÍN	¿Cómo fue por esas guerras?
RICARDO	Como quiso la justicia,
	siendo el cielo su defensa.

---

[23] The duke vows here to change his lifestyle. Having learned from his experience, he will replace transgression with virtue.

2345	Llana° queda Lombardía,[24]	free
	y los enemigos quedan	
	puestos en fuga° afrentosa,	flight
	porque el león de la Iglesia[25]	
	pudo con sólo un bramido°	roar
2350	dar con sus armas en tierra.	
	El duque ha ganado un nombre	
	que por toda Italia suena;	
	que si mil mató Saúl,	
	cantan por él las doncellas	
2355	que David mató cien mil;[26]	
	con que ha sido tal la enmienda,°	mending of his ways
	que traemos otro duque.	
	Ya no hay damas, ya no hay cenas,	
	ya no hay broqueles°, ni espadas,	shields
2360	ya solamente se acuerda	
	de Casandra, ni hay amor	
	más que el conde y la duquesa.	
	El duque es un santo ya.[27]	
BATÍN	¿Qué me dices? ¿Qué me cuentas?	
2365 RICARDO	Que, como otros con las dichas	
	dan en vicios y en soberbias,°	excessive pride
	tienen a todos en poco	
	(tan inmortales se sueñan),	

---

[24] Lombardy is a region of north-central Italy. Mantua is a city of Lombardy. Ferrara is an adjoining region to the southeast; Ferrara is also the name of one of its cities.

[25] The epithet (**epíteto**) or descriptive phrase refers to the duke after his triumph in battle.

[26] The Old Testament figure of Saul was the first king of a united Israel. He was succeeded by his son David. They are cited by Ricardo because of the fame that they attained through military prowess, and now Ricardo contends that the duke deserves to be equated with them.

[27] Ricardo describes the duke's military exploits and reiterates the transformation of his master, who is now "a saint."

	el duque se ha vuelto humilde,	
2370	y parece que desprecia	
	los laureles de su triunfo;	
	que el aire de las banderas	
	no le ha dado vanagloria.	
BATÍN	¡Plega al cielo° que no sea,	may it please heaven
2375	después destas humildades,	
	como aquel hombre de Atenas,[28]	
	que pidió a Venus le hiciese	
	mujer,[29] con ruegos y ofrendas,	
	una gata dominica,	
2380	quiero decir, blanca y negra![30]	
	Estando en su estrado[31] un día	
	con moño y naguas° de tela,	petticoat
	vio pasar un animal	
	de aquestos, como poetas,[32]	
2385	que andan royendo° papeles;	gnawing on
	y dando un salto ligera°	lightly
	de la tarima° al ratón,	platform
	mostró que, en naturaleza,	
	la que es gata, será gata,	
2390	la que es perra, será perra,	

---

[28] "Atenas" is the city of Athens, and the story that follows is based on one of the fables of Æsop (**Esopo** in Spanish).

[29] **Le hiciese...** *turn it [the cat] into a woman*

[30] The cat was called "Dominican" because the priests of the Dominican order, founded in France in the thirteenth century, wore black and white robes.

[31] The **estrado** is the raised platform on which a monarch's throne is placed. It can also be a drawing-room where one can receive guests.

[32] Lope, through Batín, compares poets to mice gnawing on paper. The negative comment may refer to the quality of their writing or to their back-biting nature. Lope returns here to commentary on poets, which he had initiated in the opening scene of the play, in which the duke calls to task the poets who are so caught up in verbal flourishes that genuine emotions are lost.

	in secula seculorum.[33]	
RICARDO	No hayas° miedo tú que vuelva	= tengas
	el duque a sus mocedades,	
	y más si a los hijos llega,	
2395	que con las manillas° blandas	little hands
	las barbas más graves peinan	
	de los más fieros leones.[34]	
BATÍN	'Yo me holgaré de que° sea	I will be glad if
	verdad.	
RICARDO	Pues, Batín, adiós.	
BATÍN	¿Dónde vas?	
2400 RICARDO	Fabia me espera.[35]	

Vase RICARDO, *y entre* EL DUQUE
con algunos memoriales.[36]

DUQUE	¿Está algún crïado aquí?
BATÍN	Aquí tiene vuestra alteza
	el más humilde.
DUQUE	¡Batín!
BATÍN	Dios te guarde. Bueno llegas.

---

[33] The phrase in Latin, sometimes rendered *in sæcula sæculorum,* is commonly translated *forever and ever* (*sæculum* = lifetime, generation).

[34] In emphasizing the duke's metamorphoses—against the suggestion that he may revert to his old ways—Ricardo says that if the duke has children, he will allow them to comb (**peinar**) his beard (**las barbas**), compared with the mane of a lion. Note that Ricardo has called the victorious duke **el león de la Iglesia**.

[35] Fabia, the lady who awaits Ricardo and who is mentioned only in this verse, bears the same name as the crafty and inscrutable go-between (**alcahueta**) of one of Lope's best-known plays, *El caballero de Olmedo,* written some ten or eleven years before *El castigo sin venganza.*

[36] **Memoriales** are written petitions that the duke's subjects have drawn up during his absence and that he now wishes to read. One anonymous letter will be critical to the outcome of the play.

	Dame la mano.	
2405 DUQUE	¿Qué hacías?	
BATÍN	Estaba escuchando nuevas	
	de tu valor a Ricardo,	
	que, gran coronista° dellas,	chronicler
	Héctor[37] de Italia te hacía.	
2410 DUQUE	¿Cómo ha pasado en mi ausencia	
	el gobierno con el conde?	
BATÍN	Cierto, señor, que pudiera	
	decir que igualó en la paz	
	tus hazañas en la guerra.	
2415 DUQUE	¿Llevóse bien con Casandra?	
BATÍN	No se ha visto, que yo sepa,	
	tan pacífica madrastra	
	con su alnado. Es muy discreta	
	y muy virtüosa y santa.[38]	
2420 DUQUE	No hay cosa que la agradezca	
	como estar bien con el conde;	
	que, como el conde es la prenda	
	que más quiero y más estimo,	
	y conocí su tristeza	
2425	cuando a la guerra partí,	
	notablemente me alegra	
	que Casandra se portase	
	con él con tanta prudencia,	

---

[37] Hector, a prince and soldier, was the most illustrious representative of Troy in the Trojan War. He is a protagonist of Homer's *Iliad*, portrayed as the mightiest of warriors and as a man with a noble spirit. Batín tells the duke that, according to Ricardo's laudatory account of his military prowess, the duke has become "the Italian Hector."

[38] Batín has points of contact with the *graciosos*, or comic characters, usually servants, in early modern Spanish drama. He treats what will turn into tragedy in a light—and certainly insensitive and indecorous—manner, and the irony of his response hardly could be more evident. The duke's reply increases the ironic thrust of the dialogue.

2430	que estén en paz y amistad,	
	que es la cosa que desea	
	mi alma con más afecto	
	de cuantas pedir pudiera	
	al cielo. Y así, en mi casa	
	hoy dos vitorias se cuentan:	
2435	la que de la guerra traigo,	
	y la de Casandra bella,	
	conquistando a Federico.	
	Yo pienso de hoy más quererla	
	sola en el mundo, obligado	
2440	desta discreta fineza°	courtesy
	y cansado juntamente	
	de mis mocedades necias.	

BATÍN   Milagro ha sido del Papa
         llevar, señor, a la guerra
2445   al Duque Luis de Ferrara.
         y que un ermitaño° vuelva.   hermit
         Por Dios, que puedes fundar
         otra Camáldula.[39]

DUQUE   Sepan
         mis vasallos que otro soy.
2450 BATÍN   Mas, dígame vuestra alteza,
         ¿cómo descansó tan poco?
DUQUE   Porque al subir la escalera
         de palacio, algunos hombres
         que aguardaban mi presencia,
2455   me dieron estos papeles;
         y temiendo que son quejas,
         quise descansar en verlos,

---

[39] Camáldula, near Arezzo in central Italy, was the site of a monastery known for its especially bleak and remote location and for the extreme rigors of the life there. Habits were of coarse cloth, one sparse meal a day was served, and any type of creature comfort was shunned.

	y no descansar con ellas.
	Vete, y déjame aquí solo,
2460	que deben los que gobiernan
	esta atención a su oficio.
BATÍN	El cielo que remunera
	el cuidado de quien mira
	el bien público, prevenga
2465	laureles a tus vitorias,
	siglos a tu fama eterna.

Vase BATÍN. EL DUQUE *comienza
a leer los papeles.*

DUQUE   Éste dice, "Señor, yo soy Estacio,
que estoy en los jardines de palacio,
y, ⸍enseñado a° plantar hierbas y flores,   adept at
2470   planté° seis hijos. A los dos mayores   I propogated
suplico que les deis..." Basta, ya entiendo.
Con más cuidado ya premiar° pretendo.   give compensation
"Lucinda dice que quedó viuda
del capitán Arnaldo..." También pide.
2475   "Albano, que ha seis años que reside..."
Éste pide también. "Julio Camilo,
preso° porque sacó..." Del mismo estilo.   imprisoned
"Paula de San Germán, doncella
          honrada..."
Pues si es honrada, no le falta nada,
2480   si no quiere que yo le dé marido.
Éste viene cerrado,° y ⸍mal vestido;°   sealed, wrinkled
un hombre me le dio, todo turbado,
que quise detenerle con cuidado.
          "Señor, mirad por vuestra casa atento;
2485   que el conde y la duquesa en vuestra
          ausencia..."
No me ha sido traidor el pensamiento.

Habrán regido mal, tendré paciencia.
"...ofenden con infame atrevimiento
vuestra cama y honor." ¿Qué resistencia
2490   harán a tal desdicha mis enojos?
"Si sois discreto, os lo dirán los ojos."
    ¿Qué es esto que estoy mirando?
Letras, ¿decís esto o no?
¿Sabéis que soy padre yo
2495   de quien me estáis informando
que el honor me está quitando?
Mentís; que no puede ser.
¿Casandra me ha de ofender?
¿No veis que es mi hijo el conde?
2500   Pero ya el papel responde
que es hombre, y ella mujer.
    ¡Oh, fieras letras, villanas!°   villainous
Pero diréisme que sepa
que no hay maldad que no quepa
2505   en las flaquezas° humanas.   frailties
De las iras soberanas°   heavenly
debe de ser permisión.
Ésta fue la maldición°   curse
que a David le dio Natán;[40]
2510   la misma pena me dan,
y es Federico Absalón.[41]
    Pero mayor viene a ser,
cielo, si así me castigas;

---

[40] In the Old Testament, Nathan was a prophet and advisor to King David, who admonished the king for having committed adultery with Bathsheba (**Bersabé**) and for having brought about the death of her husband, the soldier Uriah (**Urías**).

[41] Absalom was the third son of King David, who at one point conspired against his father. Absalom is most celebrated as the avenger of his sister Tamar after she had been violated by her half-brother Amnon (**Amnón**).

2515
que aquéllas eran amigas,
y Casandra es mi mujer.
El vicioso proceder
de las mocedades mías
trujo el castigo, y los días
de mi tormento, aunque fue
2520
sin gozar a Bersabé
ni quitar la vida a Urías.
  ¡Oh, traidor hijo! ¿Si ha sido
verdad? Porque yo no creo
que emprenda caso tan feo
2525
hombre de otro hombre nacido.
Pero si me has ofendido,
¡oh, si el cielo me otorgara,°   were to grant me
que, después que te matara,
de nuevo a hacerte volviera,
2530
pues tantas muertes te diera,
cuantas veces te engendrara!
  ¡Qué deslealtad! ¡Qué violencia!
¡Oh, ausencia, qué bien se dijo
que aun un padre de su hijo
2535
no tiene segura ausencia!
¿Cómo sabré con prudencia
verdad que no me disfame
con los testigos que llame?
No así la podré saber;
2540
porque, ¿quién ha de querer
decir verdad tan infame?
  Mas, ¿de qué sirve informarme?
Pues esto no se dijera
de un hijo, cuando no fuera
2545
verdad que pudo infamarme.
Castigarle no es vengarme,
ni se venga el que castiga,
ni esto a información me obliga;

	que mal que el honor estraga,°	destroys
2550	no es menester que se haga,	
	porque basta que se diga.⁴²	

Sale FEDERICO.

FEDERICO	Sabiendo que no descansas,	
	vengo a verte.	
DUQUE	Dios te guarde.	
FEDERICO	Y a pedirte una merced.°	favor
2555 DUQUE	Antes que la pidas, sabes	
	que mi amor te la concede.	
FEDERICO	Señor, cuando me mandaste	
	que con Aurora, mi prima,	
	por tu gusto me casase,	
2560	lo fuera notable mío;⁴³	
	pero fueron más notables	
	los celos de Carlos, y ellos	
	entonces causa bastante	
	para no darte obediencia.	
2565	Mas después que te ausentaste,	
	supe que mi grande amor	
	hizo que ilusiones tales	
	'me trujesen divertido.°	had distracted me
	En efeto, hicimos paces,	
2570	y le prometí, señor,	
	en satisfacción, casarme,	
	como me dieses licencia,	
	luego que el bastón° dejastes.	staff of authority
	Ésta te pido y suplico.	

---

⁴² The play calls upon the reader or spectator to consider with care the duke's comments that relate to the title phrase "punishment without revenge."

⁴³ **Lo fuera…** *it seemed to me an outstanding idea*

2575 DUQUE   No pudieras, Conde, darme
                    mayor gusto. Vete agora,
                    porque trate con tu madre,
                    pues es justo darle cuenta;
                    que no es razón que te cases
2580   sin que lo sepa, y le pidas
                    licencia, como a tu padre.[44]

FEDERICO   No siendo su sangre Aurora,
                    ¿para qué quiere dar parte
                    vuestra alteza a mi señora?

2585 DUQUE   ¿Qué importa no ser su sangre,
                    siendo tu madre Casandra?

FEDERICO   Mi madre Laurencia yace°   lies
                    muchos años ha difunta.

DUQUE   ¿Sientes que madre la llame?
2590   Pues dícenme que en mi ausencia,
                    de que tengo gusto grande,
                    estuvistes° muy conformes.   = (vosotros) estuvisteis

FEDERICO   Eso, señor, Dios lo sabe;
                    que prometo a vuestra alteza,
2595   aunque no acierto en quejarme,
                    pues la adora, y es razón,
                    que aunque es para todos ángel,
                    que no lo ha sido conmigo.[45]

DUQUE   Pésame de que me engañen;
2600   que me dicen que no hay cosa
                    que más Casandra regale.°   cherishes

FEDERICO   A veces me favorece,
                    y a veces quiere mostrarme

---

[44] The duke feigns being overjoyed by the news and suggests that they share it with Federico's "mother." Federico is hardly pleased by the suggestion.

[45] Federico decides to inform his father that, despite reports to the contrary, he and his stepmother have not gotten along especially well.

	que no es posible ser hijos	
2605	los que otras mujeres paren.°	give birth to
DUQUE	Dices bien, y yo lo creo;	
	y ella pudiera obligarme	
	más que en quererme en quererte,	
	pues con estas amistades	
2610	aseguraba la paz.	
	Vete con Dios.	
FEDERICO	Él te guarde.	

Vase FEDERICO.

DUQUE   No sé cómo he podido
mirar, conde traidor, tu infame cara.
¡Qué libre! ¡Qué fingido

2615   con la invención de Aurora se repara,
para que yo no entienda
que puede ser posible que me ofenda!
    Lo que más me asegura
es ver con el cuidado y diligencia

2620   que a Casandra murmura
que le ha tratado mal en esta ausencia;
que piensan los delitos
que callan cuando están hablando a gritos.
    De que la llame madre

2625   se corre,[46] y dice bien, pues es su amiga°   mistress
la mujer de su padre,
y no es justo que ya madre se diga.
Pero yo, ¿cómo creo
con tal facilidad caso tan feo?

2630   ¿No puede un enemigo
del conde haber tan gran traición

---

[46] **De que...** *he is ashamed to call her mother*

forjado,°   formulated
porque con su castigo,
sabiendo mi valor, quede vengado?
Ya de haberlo creído
2635 si no estoy castigado, estoy corrido.°   perturbed

Salen CASANDRA y AURORA.

AURORA   De vos espero, señora,
mi vida en esta ocasión.
CASANDRA   Ha sido digna elección
de tu entendimiento, Aurora.
AURORA   Aquí está el duque.
2640 CASANDRA   Señor,
¿tanto desvelo?
DUQUE   A mi estado
debo, por lo que he faltado,
estos indicios de amor.
Si bien del conde y de vos
2645 ha sido tan bien regido,
como muestra, agradecido,
este papel, de los dos.
Todos alaban aquí
lo que los dos merecéis.
2650 CASANDRA   Al conde, señor, debéis
ese cuidado, no a mí.
Que sin lisonja os prometo
que tiene heroico valor,
en toda acción superior,
2655 gallardo como discreto.
Un retrato vuestro ha sido.
DUQUE   Ya sé que me ha retratado
tan igual en todo estado,
que por mí le habéis tenido;
2660 de que os prometo, señora,

	debida satisfacción.
CASANDRA	Una nueva petición
	os traigo, señor, de Aurora.
	Carlos la pide, ella quiere,
	y yo os lo suplico.
2665 DUQUE	Creo
	que le ha ganado el deseo
	quien en todo le prefiere.
	El conde se va de aquí,
	y me la ha pedido agora.
2670 CASANDRA	¿El conde ha pedido a Aurora?
DUQUE	Sí, Casandra.
CASANDRA	¿El conde?
DUQUE	Sí.
CASANDRA	Sólo de vos lo creyera.
DUQUE	Y así, se la pienso dar;
	mañana se han de casar.
2675 CASANDRA	Será como Aurora quiera.
AURORA	Perdóneme vuestra alteza,
	que el conde no será mío.
DUQUE	*(Aparte)* (¿Qué espero más? ¿Qué
	porfío?°)
	Pues, Aurora, en gentileza,
2680	entendimiento y valor,
	¿no vence al marqués?
AURORA	No sé.
	Cuando quise y le rogué,
	él me despreció, señor.
	Y agora que él quiere, es justo
2685	que yo le desprecie a él.
DUQUE	Hazlo por mí, no por él.
AURORA	El casarse ha de ser gusto;
	yo no le tengo del conde.

do I persist in

Vase AURORA.

DUQUE	¡Extraña resolución!
2690 CASANDRA	Aurora tiene razón,
	aunque atrevida responde.
DUQUE	No tiene, y ha de casarse,
	aunque le pese.
CASANDRA	Señor,
	no uséis del poder; que amor
2695	es gusto, y no ha de forzarse.

Vase EL DUQUE.

¡Ay de mí, que se ha cansado
el traidor conde de mí!⁴⁷

Sale FEDERICO.

FEDERICO	¿No estaba mi padre aquí?	
CASANDRA	¿Con qué infame desenfado,°	calmness
2700	traidor Federico, vienes,	
	habiendo pedido a Aurora	
	al duque?	
FEDERICO	Paso, señora;	
	mira el peligro que tienes.	
CASANDRA	¿Qué peligro, cuando estoy,	
2705	villano, fuera de mí?	
FEDERICO	¿Pues tú 'das voces° ansí?	shout

Sale EL DUQUE, *acechando,*°   spying
y habla aparte.

DUQUE	Buscando testigos voy.
	Desde aquí quiero escuchar;

---

⁴⁷ Casandra now feels that she has been betrayed by Federico. The duke listens in on their conversation.

que aunque mal tengo de oír,
2710 lo que no puedo sufrir
es lo que vengo a buscar.

FEDERICO   Oye, señora, y repara
en tu grandeza siquiera.°   at least

CASANDRA   ¿Cuál hombre en el mundo hubiera
2715 que cobarde me dejara,
después de haber obligado
con 'tantas ansias de° amor   such longing for
a su gusto mi valor?

FEDERICO   Señora, aún no estoy casado.
2720 Asegurar pretendí
al duque, y asegurar
nuestra vida, que durar
no puede, Casandra, ansí;
que no es el duque algún hombre
2725 de tan baja condición,
que a sus ojos, ni es razón,
se infame su ilustre nombre.
Basta el tiempo que tan ciegos
el amor nos ha tenido.

2730 CASANDRA   ¡Oh, cobarde, mal nacido!
Las lágrimas y los ruegos
hasta hacernos volver locas,
robando las honras nuestras,
que, de las traiciones vuestras,
2735 cuerdas se libraron pocas,
¿agora son cobardías?
Pues, perro, sin alma estoy.

DUQUE   Si aguardo, de mármol soy.
¿Qué esperáis, desdichas mías?
2740 Sin tormento han confesado...
Pero sin tormento, no,
que claro está que soy yo
a quien el tormento han dado.

No es menester más testigo.[48]

2745 Confesaron de una vez.
Prevenid, pues sois jüez,
honra, sentencia y castigo.
Pero de tal suerte sea
que no se infame mi nombre;
2750 que en público siempre a un hombre
queda alguna cosa fea.
Y no es bien que hombre nacido
sepa que yo estoy sin honra,
siendo enterrar° la deshonra   to bury
2755 como no haberla tenido.
Que aunque parece defensa
de la honra el desagravio,°   vindication
no deja de ser agravio
cuando se sabe la ofensa.

Vase EL DUQUE.

2760 CASANDRA   ¡Ay, desdichadas mujeres!
             ¡Ay, hombres falsos sin fe!
   FEDERICO   Digo, señora, que haré
             todo lo que tú quisieras,
             y esta palabra te doy.
   CASANDRA   ¿Será verdad?
2765 FEDERICO   Infalible.°   certain
   CASANDRA   Pues no hay a amor imposible.
             Tuya he sido, y tuya soy.
             No ha de faltar invención
             para vernos cada día.
2770 FEDERICO   Pues vete, señora mía,

---

[48] The duke has heard first-hand of the adultery. What remains is for
him to determine the adequate punishment and the means of achieving
it.

	y pues tienes discreción,
	finge gusto, pues es justo,
	con el duque.
CASANDRA	Así lo haré
	sin tu ofensa; que yo sé
2775	que el que es fingido no es gusto.

Vanse los dos, y salen AURORA *y* BATÍN.

BATÍN	Yo he sabido, hermosa Aurora,
	que ha de ser, o ya lo es,
	tu dueño el señor marqués,
	y que a Mantua os vais, señora,
2780	y así os vengo a suplicar
	que allá me llevéis.[49]
AURORA	Batín,
	ʼmucho me admiro.° ¿A qué fin I'm very surprised
	al conde quieres dejar?
BATÍN	Servir mucho y medrar° poco to improve one's lot
2785	es un linaje de agravio
	que al más cuerdo, que al más sabio
	o le mata, o vuelve loco.
	Hoy te doy, mañana no,
	quizá te daré después...
2790	Yo no sé *quizá* quién es;
	mas sé que nunca "quizó."[50]
	Fuera desto, está endiablado° bedeviled
	el conde. No sé qué tiene;
	ya triste, ya alegre viene,
2795	ya cuerdo, ya destemplado.° out of sorts
	La duquesa, pues, también

---

[49] Batín, seeing what is happening around him, decides to think of his own welfare.

[50] This is a play on **quiso** (*tried*).

		insufrible y desigual;°	inconstant
2800		pues donde va a todos mal,	
		¿quieres que me vaya bien?	
		El duque, santo fingido,	
		'consigo a solas° hablando,	alone by himself
		como hombre que anda buscando	
		algo que se le ha perdido.	
		Toda la casa lo está;	
2805		contigo a Mantua me voy.	
	AURORA	Si yo tan dichosa soy	
		que el duque a Carlos me da,	
		yo te llevaré conmigo.	
	BATÍN	Beso mil veces tus pies,	
2810		y voy a hablar al marqués.	

Vase BATÍN *y sale* EL DUQUE.

	DUQUE	*(Aparte)* (¡Ay, honor, fiero enemigo!	
		¿Quién fue el primero que dio	
		tu ley al mundo, y que fuese	
		mujer quien en sí tuviese	
2815		tu valor, y el hombre no?[51]	
		Pues sin culpa el más honrado	
		te puede perder, honor.	
		Bárbaro legislador	
		fue tu inventor, no letrado.°	a learned man
2820		Mas dejarla entre nosotros	

---

[51] This misogynistic statement reflects the idea that women have a certain control over honor, in that a woman who acts dishonorably brings shame to her entire family (to her father and brothers if she is single and to her husband if she is married). As the duke adds, a man may be dishonored even if he himself is completely innocent. The laws of honor, then, are strict and unsympathetic, and they likely were invented by those who suffered and wanted others to suffer in turn.

muestra que fuiste ofendido,
pues ésta invención ha sido
para que lo fuesen otros.)
¡Aurora!

AURORA   ¿Señor?

DUQUE   Ya creo

2825   que con el marqués te casa
la duquesa, y yo a su ruego;
que más quiero contentarla
que dar este gusto al conde.

AURORA   Eternamente obligada
quedo a servirte.

2830 DUQUE   Bien puedes
decir a Carlos que a Mantua
escriba al duque, su tío.

AURORA   Voy donde el marqués aguarda
tan dichosa nueva.

Vase AURORA.

DUQUE   Cielos,

2835   hoy se ha de ver en mi casa
no más de vuestro castigo.
Alzad° la divina vara.°   raise, staff
No es venganza de mi agravio;
que yo no quiero tomarla

2840   en vuestra ofensa, y de un hijo
ya fuera bárbara hazaña.
Éste ha de ser un castigo
vuestro° no más, porque valga   i.e., God's
para que perdone el cielo

2845   el rigor por la templanza.°   moderation
Seré padre, y no marido,
dando la justicia santa
a un pecado° sin vergüenza   sin

un castigo sin venganza.[52]

2850 Esto disponen las leyes
del honor, y que no haya
'publicidad en° mi afrenta,   public knowledge of
con que se doble mi infamia.
Quien en público castiga,

2855 dos veces su honor infama,
pues después que le ha perdido,
por el mundo le dilata.
La infame Casandra dejo
de pies y manos atada,

2860 con un tafetán cubierta,
y por no escuchar sus ansias,
con una liga° en la boca,   gag
porque al decirle la causa,
para cuanto quise hacer

2865 me dio lugar, desmayada.
Esto aun pudiera, ofendida,
sufrir la piedad humana,
pero dar la muerte a un hijo,
¿qué corazón no desmaya?

2870 Sólo de pensarlo ¡ay triste!
tiembla el cuerpo, expira el alma,
lloran los ojos, la sangre
muere en las venas heladas,
el pecho 'se desalienta,°   becomes distressed

2875 el entendimiento falta,
la memoria está corrida

---

[52] The duke continues his rationalization, or justification, of the punishment that he will enact. It must be noted that a fundamental concept of the honor code is that the cleansing of one's honor must take place in secret. The making public of dishonor must be avoided at all costs. The duke has put his plan of punishment of Casandra and Federico into motion.

y la voluntad turbada,
como arroyo° que detiene   stream
el hielo de noche larga,
2880   del corazón a la boca
prende el dolor las palabras.[53]
¿Qué quieres, Amor? ¿No ves
que Dios a los hijos manda
honrar los padres, y el conde
2885   su mandamiento quebranta?°   breaks
Déjame, Amor, que castigue
a quien las leyes sagradas
contra su padre desprecia,
pues tengo por cosa clara
2890   que si hoy me quita la honra,
la vida podrá mañana.
Cincuenta mató Artaxerxes[54]
con menos causa, y la espada
de Darío,[55] Torcato[56] y Bruto[57]

---

[53] The simile compares the ice that stops the river's flow to the duke's inability to utter words, so frozen is he in anger, disappointment, and sadness.

[54] Artaxerxes was the name of three Persian rulers of the fourth and fifth centuries B.C.E., all of whom engaged in combat and violent retaliations. Artaxerxes I killed his brother, his brother-in-law, and much of the latter's family and household in order to protect himself from threats. Artaxerxes II, surnamed Mnemon, had to contend with revolts by his brother Cyrus and his son Darius. Cyrus died in battle, and the king had Darius executed. (This, therefore, may be the most likely choice for the ruler on the duke's, or Lope's, mind.) On coming into power, Artaxerxes III murdered many members of the royal family as a means of securing his position.

[55] By some accounts, Darius I "the Great" of Persia (sixth century B.C.E.) killed the legitimate claimant to the throne. Lope, through the duke, could be referring to another ruler with that name.

[56] During the fourth century B.C.E., Titus Manlius Imperiosus Torquatus, usually rendered in Spanish as Torcuato, was a consul during the Roman Republic and, interestingly, also a dictator. During one of his

2895

ejecutó sin venganza
las leyes de la justicia.[58]
Perdona, Amor; no deshagas
el derecho del castigo,
cuando el honor, en la sala

2900

de la razón presidiendo,
quiere sentenciar° la causa.   to judge
El fiscal° verdad le ha puesto   prosecutor
la acusación, y está clara
la culpa; que ojos y oídos

2905

juraron en la probanza.°   proof
Amor y sangre, abogados
le defienden, mas no basta;
que la infamia y la vergüenza
son de la parte contraria.

2910

La ley de Dios, cuando menos,
es quien la culpa relata,
su conciencia quien la escribe.
¿Pues para qué me acobardas?°   do you intimidate

---

terms as consul, Torquatus's son disobeyed his father's orders and left his position to enter into singular combat with a soldier of the enemy troops. The young man was victorious, and he proudly displayed the spoils before his father, who had him executed as an example of the need for protocol and rigor. As a consequence, the term *Manlian orders* denotes emphasis on the strictest forms of discipline.

[57] Lucius Junius Brutus (likely an ancestor of Marcus Junius Brutus, among the assassins of Julius Cæsar) founded the Roman Republic in the sixth century B.C.E. A group of citizens became committed to the destruction of the republic, but Brutus learned of the plot, and he had the guilty parties arrested and imprisoned. To his great sorrow, he discovered that his two sons, Titus and Tiberius, were implicated in the conspiracy. As consul, he judged them guilty of treason and sentenced them to be tortured and then beheaded.

[58] The duke uses judicial imagery to set forth what may be termed the defense of his retribution. His strategy and the explanation of his plan give the play its title and provide a basis for the judgment of the spectator or reader.

Él viene. ¡Ay, cielos, favor!

Sale FEDERICO.

2915 FEDERICO   Basta que en palacio anda
                pública la fama, señor,
                que con el Marqués Gonzaga
                casa a Aurora, y que luego
                se parte con ella a Mantua.
2920   ¿Mándasme que yo lo crea?
     DUQUE   Conde, ni sé lo que tratan,
                ni he dado al marqués licencia;
                que traigo en cosas más altas
                puesta la imaginación.°   thoughts
2925 FEDERICO   Quien gobierna, mal descansa.
                ¿Qué es lo que te da cuidado?
     DUQUE   Hijo, un noble de Ferrara
                se conjura contra mí,
                con otros que le acompañan.
2930   Fióse de una mujer,
                que el secreto me declara.
                ¡Necio quien dellas se fía,
                discreto quien las alaba!
                Llamé al traidor, finalmente;
2935   que un negocio de importancia
                dije que con él tenía;
                y cerrado en esa cuadra
                le dije el caso, y apenas
                le oyó, cuando se desmaya.
2940   Con que pude fácilmente
                en la silla donde estaba
                atarle, y cubrir el cuerpo,
                por que no viese la cara
                quien a matarle viniese,
2945   por no alborotar° a Italia.   to stir up

                Tú has venido, y es más justo
                hacer de ti confianza,
                para que nadie lo sepa.
                Saca animoso° la espada,   with spirit

2950   Conde, y la vida le quita;
                que a la puerta de la cuadra
                quiero mirar el valor
                con que mi enemigo matas.

FEDERICO   ¿Pruébasme acaso, o es cierto
2955   que conspirar intentaban
                contra ti los dos que dices?

DUQUE   Cuando un padre a un hijo manda
                una cosa, injusta o justa,
                ¿con él se pone a palabras?

2960   Vete, cobarde; que yo...

FEDERICO   Ten la espada, y aquí aguarda;
                que no es temor, pues que dices
                que es una persona atada,
                pero no sé qué me ha dado,
2965   que me está temblando el alma.

DUQUE   Quédate, infame...

FEDERICO   Ya voy;
                Que, pues, tú lo mandas, basta.
                Pero, ¡vive Dios!...

DUQUE   ¡Oh, perro!

FEDERICO   Ya voy, detente, y si hallara
2970   el mismo César,[59] le diera
                por ti ¡ay Dios! mil estocadas.°   thrusts with a sword

Vase FEDERICO.

DUQUE   Aquí lo veré; ya llega;

---

[59] **Si hallara...** *if I found it to be Caesar himself*

ya con la punta la pasa.
Ejecute mi justicia
2975   quien ejecutó mi infamia.
¡Capitanes! ¡Hola, gente!
¡Venid los que estáis de guarda!
¡Ah, caballeros, crïados!
¡Presto!

Salen EL MARQUÉS, AURORA, BATÍN,
RICARDO y todos los demás que se
han introducido.

MARQUÉS   ¿Para qué nos llamas,
2980   señor, con tan altas voces?
DUQUE   ¿Hay tal maldad? A Casandra
ha muerto el conde, no más
de porque fue su madrastra,
y le dijo que tenía
2985   mejor hijo 'en sus entrañas°   inside her
para heredarme.[60] ¡Matalde,
matalde! El duque lo manda.
MARQUÉS   ¿A Casandra?
DUQUE   Sí, marqués.
MARQUÉS   Pues no volveré yo a Mantua
2990   sin que la vida le quite.
DUQUE   Ya con la sangrienta espada
sale el traidor.

Sale FEDERICO con la espada desnuda, y
va tras él EL MARQUÉS.

FEDERICO   ¿Qué es aquesto?

---

[60] The duke invents a plot to incriminate Federico, and this dramatic
step will determine his son's punishment.

	Voy a descubrir° la cara	disclose
	del traidor que me decías,
	y hallo…
2995 DUQUE	No prosigas, calla.
	¡Matalde, matalde!
MARQUÉS	¡Muera!

Vanse FEDERICO *y* EL MARQUÉS.

FEDERICO	¡Oh, padre! ¿Por qué me matan?
DUQUE	En el tribunal de Dios,
	traidor, te dirán la causa.
3000	Tú, Aurora, con este ejemplo
	parte con Carlos a Mantua,
	que él te merece, y 'yo gusto.°	= me da gusto
AURORA	Estoy, señor, tan turbada,
	que no sé lo que responda.
3005 BATÍN	Di que sí; que no es sin causa
	todo lo que ves, Aurora.
AURORA	Señor, desde aquí a mañana
	te daré respuesta.

Sale EL MARQUÉS.

MARQUÉS	Ya
	queda muerto el conde.
DUQUE	En tanta
3010	desdicha, aun quieren los ojos
	verle muerto con Casandra.

Descúbrales.

MARQUÉS	Vuelve a mirar el castigo
	sin venganza.
DUQUE	No es tomarla

	el castigar la justicia.
3015	Llanto sobra, y valor falta.[61]
	Pagó la maldad que hizo
	por heredarme.

BATÍN   Aquí acaba,
senado, aquella tragedia
del CASTIGO SIN VENGANZA
3020   que, siendo en Italia asombro,°   wonderment
hoy es ejemplo en España.

---

[61] The duke cries out, "There is a surplus of weeping and a shortage of strength," while he tells the marquis that the cause of Federico's crime was his desire for the inheritance.

Spanish-English Glossary

A

abogado attorney, advocate

aborrecer (aborrezco) to abhor, to hate, to detest

abrasado,-a burning (from shame or anger), inflamed, enraged

abrasar to burn

acá here; **más acá** closer

acabar(se) to end, to finish

acaso perhaps, maybe

acción action, acting, interest, rights

achechar to watch, to spy on, to lie in ambush

acertado,-a correct, fitting, opportune

acertar (ie) to be correct, to achieve, to figure out

acordarse (ue) (de) to remember, to recall

acrisolar to refine, to purify

adelante forward; **de aquí (en) adelante** from now on

adelantarse to move forward, to progress

adivinar to predict, to foretell, to guess

admiración admiration, wonder, amazement

admirar(se) to admire, to be amazed

adulador,-a flattering, fawning

advertir (ie, i) to warn, to note, to notice, to take notice, to be aware

afecto affection, fondness

afición affection, fondness, inclination

afligir to afflict, to distress, to grieve

afrenta affront

agora archaic form of **ahora**, now

agudeza sharpness, keenness, astuteness

agradar to please

agradecer (agradezco) to be grateful, to appreciate

agradecido,-a grateful, appreciative

agraviar to offend, to harm

agraviarse to be offended, to be hurt

aguardar to wait (for)

airado,-a angry

ajeno,-a belonging to another, foreign, strange

ala wing

alabar to praise

alborotar to stir up, to rouse

albricias good news, reward given to one who delivers good news

alcanzar to attain, to achieve, to reach, to catch up to

alegre happy, merry

alejarse (de) to go away (from)

alhaja jewel, ornament

aliento breath

alma soul

alnado stepson

alteza highness

altivo,-a proud, haughty, arrogant

amanecer (n. masc.) dawn

amanecer to dawn

ámbar (n. masc.) amber

amiga lover, mistress

amistad friendship

Amor Cupid, the god of love

anciano,-a (n., adj.) old person; old, ancient

ánimo energy, courage, disposition, thought, mind, spirit

animoso,-a spirited, courageous

anochecer to grow dark, to become night

ansí archaic form of **así**, so, thus

ansia longing, yearning, anguish

antiguo,-a ancient, old
apagar to put out, to turn off
apartarse to go away, to leave
apelar to appeal
apelación appeal
apenas hardly, barely, scarcely
aposento shelter, pavilion
aprobar (ue) to approve, to agree with
aprobare(n) future subjunctive of
   aprobar, now an archaic form
aquesta, aqueste, aquestos, aquesta
   = **esta**, etc., this, these
árbol (pl. árboles) (n. masc.) tree
arco arch
arder to burn
ardiente ardent, burning, intense
arrepentido,-a repentant, regretful
arrepentirse (ie, i) to repent, to regret
arrojarse to throw oneself
asegurar to assure
atado,-a tied, bound
atar to tie, to bind
atreverse (a) to dare (to)
atravesar (ie) to cross
atrevimiento daring, audacity
aumento increase, growth, access
aun even
aún still, yet
aunque although
aurora dawn, daybreak
ausencia absence
averiguar to ascertain, to find out, to
   investigate
avisar to advise, to inform, to warn, to
   give notice
aviso warning, message

B
bajeza lowliness, baseness
bajo,-a low, lowly
banda sash, ribbon
bandera flag
barba beard, chin
bárbaro,-a (n., adj.) barbarian,

   foreigner; barbarous, cruel, fierce
bastar to suffice, to be enough
batir to beat
besar to kiss
beso kiss
bien (n. masc.) good, goodness
bienes (n. masc. pl.) goods, property
bizarro,-a valiant, gallant, brave;
   attractive, appealing
blando,-a soft
boda, bodas wedding, marriage
   ceremony
brasa ember
bravo,-a brave, fierce, wild, tough;
   (fig.) severe, serious
bravo ruffian, bully
brazo arm
burla trick, deception
burlado,-a tricked, mocked
burlarse (de) to deceive, to trick, to
   mock

C
caber (quepo) to fit, to be room for
cadena chain
callar to quiet (down)
callarse to be quiet, to be silent
cama bed
cansancio fatigue
cansarse to tire, to become tired
capa cape
cara face
caridad charity, kindness, benevolence
cariño affection, fondness
caro,-a dear
casado,-a (n., adj.) married person;
   married
casamiento marriage
caso case; **hacer caso de** to pay
   attention to, to acknowledge one's
   presence
castigar to punish
castigo punishment
castillo castle

casto,-a chaste
cazador hunter
caerse (me caigo) to fall down
celos (n. masc. pl.) jealousy
celoso,-a jealous
ceñir (i, i) to gird, to surround, to circle
cera wax
cerca (adv.) near, nearby; **cerca de (prep.)** near, close to
certificar to certify, to prove, to confirm, to affirm
cesar (de) to stop, to cease
ciego,-a blind
cielo heaven, sky
cierto,-a certain, sure, a certain
cinta ribbon
cisne swan
cobarde coward
cobardía cowardice
coche (n. masc.) coach
color (n. masc., sometimes fem.) color, aspect
concepto (conceto) concept, (verbal) conceit, witticism
concertar (ie) to arrange, to agree, to concur
concierto match, arrangement
conforme corresponding, consistent, in agreement, compatible
confuso,-a confused, confusing
conjurar(se) to conspire
conocer (conozco) to know, to meet, to recognize
consejo(s) advice
consuelo consolation
contrario,-a (n., adj.) opponent, adversary; opposing, opposite
convenir (conj. like venir) to agree, to be suitable
corresponder to correspond, to reciprocate, to requite (love)
correr to run, to circulate
corrido,-a ashamed, perturbed

cortina curtain
crecer (crezco) to grow, to make grow, to nurture
creer (pret. creyó, creyeron) to think, to believe, to credit
criar (crío) to raise, to bring up (a child)
criarse to be brought up
cristal glass, mirror; (poet.) water
cuadra small room
cual like, as (to introduce a simile); **cual si** as if
cuán (cuánto) how, how much
cubierto,-a (de) (past part. of cubrir) covered (with)
cubrir (de) to cover (with)
cuello neck
cuenta count, sum, account
cuerdo,-a sane, of sound mind
cuidado care; (fig.) amorous concern, preoccupation, or suffering
culpa blame
cumplimiento compliment, show of civility
cumplir to comply

D

daño harm, injury
debajo (de) under
debido,-a owed; deserved, merited
dejaldes archaic form of **dejadles**, let them (second-person fam. pl. imperative)
dejar to leave, to let; **dejar de** to stop (doing something)
dél, della, dellos, dellas = de él, de ella, etc.
delante (de) in front (of), ahead (of)
deleite (n. masc.) delight, pleasure
delito crime
derecho law, right
desa, dese, desas, desos = de esa, de ese, etc.
desatinado,-a foolish

desatinar to say foolish things
desatino foolish action, foolish remark
descansar to rest
descanso rest
desconcierto disorder, confusion
desconfianza distrust, mistrust, suspicion
descubrir to discover, to uncover, to show, to reveal, to disclose
desdén (n. masc.) disdain, contempt
desdicha misfortune
desdichado,-a unfortunate
desengañar to disillusion, to show the light
desengañarse to become disillusioned, to see the light
desengaño disillusionment
deshacer to undo
desigual unequal, difficult, inconstant
desigualdad inequality
desmayado,-a faint, in a swoon
desmayarse to faint
desnudar to undress
desnudo,-a undressed, naked, bare
despertar (ie) to wake, to awaken (someone)
despertarse to wake up, to get up
despechado,-a dismayed, angered
despierto,-a awake
despojo(s) spoils
despreciado,-a scorned, despised
despreciar to scorn, to despise
desprecio scorn, contempt
desta, deste, destas, destos = de esta, de este, etc.
destemplar to alter, to affect
desvelo sleeplessness, watchfulness
detener (conj. like tener) to detain, to stop
deuda debt
deudo relative
dicción diction, style, form of expression
dicha good fortune, happiness, joy

dichoso,-a fortunate, blessed
diferir (ie,i) to defer, to delay, to postpone
difunto,-a deceased, dead
digno,-a worthy
dilatar to spread, to extend, to display
diligencia diligence; affair, matter
disculpa excuse, alibi, justification
disculpar to excuse
discurso discourse, speech
disfamar to defame
disfraz (n. masc.) disguise
disfrazado,-a disguised
disfrazar to disguise
disgusto displeasure, distaste, annoyance, grief
disimular to feign, to fake, to pretend, to dissemble
disponer (conj. like poner) to dispose, to give, to prepare, to determine
divertir (ie, i) to amuse, to distract
divertirse to have a good time
doblado,-a doubled
doblar(se) to double
donaire (n. masc.) wit, witticism, grace, elegance
doncella maiden, maid
dorado,-a golden, gilded
dorar to gild (overlay with gold)
dosel (n. masc.) canopy
duda doubt
dudar to doubt
dueña married woman
dueño owner, master
dulce sweet
durar to last
duro,-a hard, harsh

E
edad age, period of life
efeto = efecto
ejército army, troops
elección election, selection, choice

emplear to employ
emplearse (en) to be occupied (in), to be busy (with)
emprender to undertake
empresa enterprise, undertaking, affair
enamorado,-a (de) in love (with), enamored (of)
encender (ie) to light
encerrar (ie) to enclose, to imprison
encubrir to hide, to conceal
enfadar to anger, to make angry
enfadarse to become angry, to get mad
engañar to deceive
engañado,-a deceived, deluded
engaño deceit, deception, illusion
engendrar to conceive, to generate, to produce, to sire
enloquecer (enloquezco) to go mad
enmendar (ie) to mend, to amend, to redress
enojar to anger, to make angry
enojado,-a angry, mad
enojo anger, irritation, grievance
enseñar to teach, to show
entendimiento understanding, comprehension
entrambos,-as = ambos,-as, both
entristecerse (me estristezco) to grieve, to become sad
envidia envy
errar (yerro) to err, to wander, to make a mistake, to miss, to go astray
escalera stairway, staircase
esclavo,-a slave
escritorio desk, bureau
escrupuloso,-a scrupulous, morally upright
escuadra squad (of soldiers)
esfera sphere, circle
espada sword
espantar to frighten
espantarse to be frightened, shocked, or appalled

espejo mirror
esperanza hope
esperar to wish for, to hope for, to wait for
esposa wife; **esposas** handcuffs
estado state, estate
estimar to esteem, to value, to deem
estorbar to block, to get in the way, to impede
estrella star
exhortar to exhort, to incite
extranjero,-a (n., adj.) stranger, foreigner; strange, foreign
extraño,-a strange, unusual, foreign

F
fábula fable, piece of gossip
facilidad ease, easiness
falta lack; fault
fama fame, renown, reputation
favorecer (favorezco) to favor
fe (n. fem.) faith; **a fe** in truth
fealdad ugliness
feo,-a ugly
feroz ferocious
fiar (fío) to trust
fiar(se) (de) (me fío) to trust (in), to confide (in)
fiero,-a savage, wild
fin (n. masc.) end, ending, objective
fineza courtesy, kindness
fingir (finjo) to feign, to pretend
firmado,-a signed
flecha arrow
florecer (florezco) to flourish, to flower
forjar to forge, to invent, to formulate
fortuna fortune, fate, destiny, luck
forzado,-a forced, violated
forzar (fuerzo) to force, to oblige, to enforce
forzoso,-a obligatory, necessary, indispensable
fragua forge

fraguar to forge
frenesí (n. masc.) frenzy
freno bridle; restraint
frente (n. fem.) forehead
fuente (n. fem.) fountain
fuere(n) the future subjunctive of **ser**
and **ir**, now archaic forms
fuerte strong, intense
fugitivo,-a fugitive, fleeing, fleeting
fundamento foundation, grounds,
basis, reason
fundar to found
furia fury, rage

G
gala finery, elegance
galán (n., adj.) elegant young
gentleman; gallant, elegantly attired
gallardo,-a dashing, brave
gallina hen
gallo rooster
ganar to earn, to win
gastar to spend
gata cat
gentileza gentility
gigante giant
gobernar (ie) to govern, to manage, to
take charge of
gobierno government, management
gota drop (of a liquid)
gozar (de) to enjoy
gracia grace, favor, approval
gran (from grande) great
grande big, large, great; before a noun,
the current form is **gran**
grandeza grandeur, greatness,
generosity
grano grain, small particle
grave (adj.) grave, serious
griego,-a (n., adj.) Greek; Grecian
grito cry; **hablando a gritos** crying
out
grosero,-a gross, vulgar, crude
guardar to keep, to save, to await, to

watch over, to hide, to cover; **Dios
me (te, le, etc.) guarde** May God
protect me (you, him, her, etc.)
gustar(le a uno) to like, to please
gusto pleasure, taste, preference

H

ha (from haber) ago
ha de must, has to; **¿Qué habemos de
hacer?** What can we do? What
should we do?
haber (auxiliary verb) to have;
habemos = hemos
habitar to inhabit, to reside
hacienda estate
hallar to find
hazaña deed, act, feat
helado,-a frozen
hecho,-a (past part. of hacer) done,
made
heredar to inherit
herir (ie, i) to wound, to offend
hidalgo gentleman, (lesser) nobleman,
(as greeting) sir
hielo ice
historia history; story
homicida (n. masc., fem.) murderer,
assassin
honesto,-a pure, chaste
honrar to honor
hoy today
huir(se) (huyo) to flee
humildad humiliation; humility
humilde (adj.) humble
humillar to humiliate, to humble
humillarse to be humiliated
humo smoke

I

idolatrar to idolize, to worship
ignorar to be ignorant of, to not know
(something)
igual equal, equivalent

imaginación imagination, mind, thoughts
importar to matter, to be of concern
imprimir to print, to leave an impression on
inclinar to incline, to bend, to bow
indicio sign, indication
indigno,-a unworthy, shameful
infamar to defame
infame infamous; loathsome, base, vile
infelice = infeliz
infundir to infuse, to inspire, to instill
ingenio ingenuity, wit; clever or gifted person
ingrato,-a ungrateful
inquietud inquietude, worry, anxiety
intento intention, attempt, try
invención invention, contrivance, artifice
ira anger, wrath

J
jamás never, not ever
jardín (n. masc.) garden
joya jewel
juez judge
jugador player
jugar (ue) to play, to gamble
juntamente together, jointly
juntar to join together
juntos,-a together
jurar to swear
juzgar to judge

L
labios lips
labrador farmer, rustic, peasant
labradora farm girl, peasant woman

M
macho (n., adj.) male
madrastra stepmother
mal (n. masc.) evil, harm, illness

lado side; **del lado de** beside
lágrima tear
largo,-a long
lástima pity, shame
laurel laurel wreath (garland of distinction)
lavar to wash
lazo bond; bow, ribbon
lazos ties, bonds
lengua tongue, language
león lion
letra letter of the alphabet; **letras** words
levantar to raise, to lift, to pick up
levantarse to rise, to get up
ley (n. fem.) law
libertad freedom, liberty, licentiousness, indiscretion
librar to free
librarse to free oneself, to become free
libre (adj.) free
licencia license, permission
licencias liberties (poetic license)
lijero,-a light
linaje (n. masc.) lineage; condition
lisonja flattery, words of praise or adulation
liviano,-a frivolous, light
llamar to call, to knock
llanto crying, weeping
lleno,-a (de) full (of), filled (with)
llevarse bien (con) to get along (with)
llorar to cry, to weep, to sob
luego (adv.) soon; **luego que (conj.)** as soon as
lugar (n. masc.) place
luz (n. fem.) light

mal (adv.) badly
maldad evil, villainy
mandamiento commandment
mandar to send, to order

mano (n. fem.) hand
maravilla marvel
marido husband
mármol (n. masc.) marble
marqués marquis
mas but (cf. **más** more)
matalde archaic form of **matadle,** kill
him (second-person fam. pl.
imperative)
materia material; **en materia de**
about, concerning, on the subject of
mayor (adj.) greater, greatest; older,
oldest
medio middle, means, medium; **de por
medio** halfway, in the middle
medir (i, i) to measure, to match
menester necessary
merecer (merezco) to deserve, to
earn
mes (n. masc.) month
mezclar to mix, to blend, to combine
miedo fear; **tener miedo** to be afraid
milagro miracle
mocedad(es) youth
modo way, manner
mojar to wet, to dampen
moño bun, chignon, upswept hairstyle
moreno,-a (n., adj.) a person with
brown hair or dark skin; brown-
haired, brunette, dark
morir (ue, u) to die
mostrar (ue) to show, to demonstrate
mudanza change (of mind, of heart)
mudar to change
mudo,-a mute, silent
murmurar to whisper; to gossip
muro wall, (fig.) protection

N

nacer (nazco) to be born
nacido,-a born
naranja orange
naturaleza nature
nave (n. fem.) ship

necio,-a (n., adj.) fool, foolish person;
foolish, silly
negar (ie) to deny
negocio business, enterprise, dealings
nido nest
nieve (n. fem.) snow
nieto grandson
ninfa nymph
nombrar to name, to call
novedad something new, news,
novelty

O

obedecer (obedezco) to obey
obligar to oblige, to confer favors
obrar to work, to produce
ocasión occasion, opportunity, change,
motive, cause
ocasionar to cause, to endanger
ocupar occupy; **ocuparse de** to
concern oneself with
ofrecer (ofrezco) to offer
ofrenda offering
oído ear, hearing
ojo eye
olvido forgetfulness
onda wave, ripple
orgulloso,-a proud, haughty
orilla shore
os (dir. or indir. obj. pronoun) you
(familiar plural also used in a
singular sense as a sign of respect)
P
pagar to pay
pájaro bird
papel (n. masc.) paper; role, part
parar to stop
parecer (parezco) to appear, to seem
pared (n. fem.) wall
parentesco kinship, relationship
partida departure
partir to depart
parto birth
paso (n.) step, passage, passing, pace

paso (adv.) softly, gently
pastor shepherd; **Pastor de Roma, Pastor romano** = the Pope
patria country, homeland
paz (n. fem.) peace; **hacer (las) paces** to make up, to restore peace
pecho chest, breast; (fig.) heart
pedir (i, i) to ask for, to request
peinar to comb
pelear to fight, to struggle, to grapple
peligro danger, risk
pelo hair
pensamiento thought, reflection
peñasco cliff, rock
perla pearl
perro,-a dog
pesar (n. masc.) grief, suffering
pesar (v.) to weigh, to weigh down on
pesebre (n. masc.) manger
petición petition, request
piadoso,-a pious, compassionate
picar to bite, to sting, to prick, to pierce, to provoke
picador trainer of horses
pico peak, point
pie (n. masc.) foot
piedad pity, mercy
pieza piece, part
pintado,-a painted
placer (n. masc.) pleasure
plática conversation
plata silver
plazo period of time
poder (n. masc.) power, force
poderoso,-a powerful
porque because; sometimes used in the sense of **para que** (with the subjunctive)
portarse to behave, to conduct oneself
poseer to possess
prenda pledge; article of clothing; quality; gift, talent; object of affection
prender to seize, to take hold of

preñado,-a pregnant
presidir to preside over
presto (adv.) quickly
presumir to presume, to assume, to show off
presupuesto presupposition, presumption, supposition
pretender to intend
prevenir (conj. like venir) to anticipate, to prepare for, to get ready, to instruct
primo, prima cousin
príncipe prince
principio beginning, principle, motive, basis for action
prisa haste
probanza proof, evidence
proceder (n. masc.) procedure
procurar to try, to obtain
prometer to promise
propio,-a proper, one s own
proseguir (conj. like seguir) to proceed, to continue
provocar to provoke, to move, to rouse
prueba proof, test, trial, sign
publicar to publish, to broadcast, to make known, to make public
puesto que since, although
punto point, dot

Q

quedar(se) to stay, to remain
quedo,-a = **quieto,-a** quiet
quedo (adv.) quietly
quejarse (de) to complain (about)
quejoso,-a complaining
quepa(n) irreg. forms of **caber** to fit, to be room for
quemar(se) to burn
querer (ie) to want, to desire, to love
querido,-a wanted, desired, loved, beloved, dear

quitar to take away
quizá, quizás perhaps, maybe

R
ratón mouse
rayo ray, beam, bolt (of lightning)
razón (n. fem.) reason, judgment
real (adj.) royal
reconocer (conj. like conocer) to recognize, to admit, to acknowledge
regalo gift
regir (i, i) to govern, to manage
regocijo joy, pleasure
reír(se) (i, i) (de) to laugh (at)
remediar to remedy, to solve, to resolve, to alleviate
remunerar to remunerate, to compensate, to reward
rendir (i, i) to give in, to surrender; to defeat, to subdue
reñir (i, i) to argue
reparar(se) (en) to notice, to pay attention (to)
reprender to reprimand, to censure
reprimir to repress, to restrain, to suppress
resonante (adj.) resonant, sweet-sounding
respetar to respect
responder to answer, to respond
respeto respect
respuesta answer, response
restaurar to restore
retirarse to retire, to leave
retratar to portray, to describe; to paint a portrait
retrato portrait
rezar to pray
ribera river bank
rigor (n. masc.) rigor, strictness, harshness, cruelty
risa laughter
rodilla knee; **de rodillas** on one's knees

rogar (ue) (a) to beg; to pray
roto,-a (past participle of romper) broken
rudo,-a coarse, uncultured
rueda wheel
ruego plea
rumor (n. masc.) sound, murmur

S
saber (sé; sepa) to know
sabio,-a (n., adj.) wise person; wise
sacar to take, to take out, to take away
sagrado,-a sacred, holy
sala room, hall
salto jump, leap
salud (n. fem.) health
sangre (n. fem.) blood
sangriento,-a bloody
santo,-a (n., adj.) saint; holy
satisfacer (conj. like hacer) to satisfy
sauce (n. masc.) willow tree
seguir (i, i) (sigo) to follow
selva forest
sembrado,-a sown, scattered, spread out
sembrar to sow, to scatter
semejanza similarity, resemblance, likeness
sentido sense, senses, feeling; direction
sentir(se) (ie, i) to feel, to be sorry, to regret
siglo century
silla chair
sino (prep.), sino que (conj.) but, but rather, but instead
soberano,-a sovereign, heavenly
soberbia pride, haughtiness, arrogance
sobrar to be left over, to have more than is necessary
sobrina niece
sol (n. masc.) sun
soldado soldier
soler (ue) to be used to, to be accustomed to

sombra shadow, shade
sonar (ue) to sound, to make a sound
sosegar (ie) to calm, to appease
sosegar(se) (ie) to calm down, to compose oneself
sosiego calm, tranquility
sospecha suspicion
sospechar to suspect
suceder to happen, to occur
sucesión succession, offspring
suceso event, occurrence, happening
suelo ground
sueño dream, sleep
suerte (n. fem.) luck, fate, fortune; **de suerte que** in such a way that; **¿de qué suerte?** in what way?
sufrir to suffer, to put up with
sujeto subject
sujeto,-a (a) subject (to), subjected (to)
suplicar to implore, to entreat, to beg
suspirar to sigh, to sigh for, to long for

T
tafetán taffeta (a variety of silk)
tal such
tal vez perhaps, at times
tanto,-a such, so much
tapar to cover, to conceal
tasa fee, restriction
tela cloth, fabric
temblar (ie) to tremble
temer(se) to fear, to be afraid
temido,-a feared
temor (n. masc.) fear
tempestad storm
templanza temperance, restraint, moderation, serenity
templar (tiemplo or templo) to temper, to tune, to calm, to moderate, to turn up or down
testigo witness
tibio,-a warm, lukewarm

tierno,-a tender
tiranía tyranny
tirano tyrant
tirar to throw, to throw off
título title
tocar to touch, to play (an instrument)
tocarle (a uno) to have to do with (someone)
tomar to take, to pick
topar to come across, to meet up with
traer (traigo) to bring
traición treason, betrayal
traidor, traidora (n., adj.) traitor, betrayer; traitorous, unfaithful
tratar (de) to try (to)
tratar (con) to have dealings (with)
tratarse de to deal with, to be about
trato treatment, dealings
treta trick, wile, ruse, craftiness
tribunal (n. masc.) tribunal, court of justice
triste sad, forlorn
tristeza sadness
trocar (ue) to change
trofeo trophy
trujo, trujesen = trajo, trajesen archaic forms of **traer** to bring
turbación confusion, disorder
turbado,-a disturbed, upset, confused
turbante turban
turbar to disturb, to upset, to confuse, to alarm, to disconcert

U
único,-a unique, singular, only

V

valer (valgo) to be worth, to be worthy
valerse de to avail oneself of, to make use of, to take recourse to
vanagloria vainglory, excessive pride or boastfulness

variedad variety, diversity, inconsistency
vasallo vassal, subject
velo veil
vencer to defeat, to conquer, to triumph
veneno poison
vengado,-a avenged
vengar(se) to avenge, to take revenge
venganza revenge
venir (vengo) to come; **venir en que** to conclude that
ventana window
ventura fortune, chance, contentment, luck
venturoso,-a fortunate, lucky
veras truth, truths
vergüenza shame
vestido dress, clothing
vestir(se) (i, i) to dress, to get dressed
vicioso,-a (vicio, vice) depraved
vidrio glass, window, objects made of glass
viento wind
vil (adj.) vile, despicable
villano,-a (n., adj.) villain, villager; villainous, pertaining to a village
virtud (n. fem.) virtue
vitoria = victoria
viuda widow
vizcaíno,-a Biscayan (from northern Spain's Basque region)
volar (ue) to fly
voluntad will, wish
vos familiar you **(vosotros)**, often used as a singular form as a sign of respect
vosotros,-a (pron.) you (familiar plural)
voto opinion, wishes
voz voice; **dar voces** to shout
vuelo flight
vuestro,-a your (familiar plural, also used as a singular form as a sign of respect)
vulgo the common people, the masses, the general public

Y

yerra irreg. form of **errar** to err, to wander, to make a mistake, to miss
yerro error, mistake

CPSIA information can be obtained
at www.ICGtesting.com
Printed in the USA
FSOW02n0619161015
12200FS